KB196695

나무 문해력

초등 국어
2학년

나무 문해력 초등 국어 2학년
이해하고 판단하고 사용하고 참여하는 입체 문해력

초판 발행일   2025년 1월 10일

지은이   윤병무
펴낸곳   국수

등록번호   제2018-000158호
주소   경기도 고양시 일산동구 진밭로 36-124
전화   (031) 908-9293
팩스   (031) 8056-9294
전자우편   songwriter@kuksu.kr

© 윤병무, 2025, Printed in Goyangsi, Korea

ISBN 979-11-90499-65-1   74080
ISBN 979-11-90499-51-4   (세트)

나무 초등 국어 2학년 문해력

이해하고 판단하고 사용하고 참여하는

입체 문해력

윤병무 지음

국수

'나무 문해력' 초등 교과 시리즈를 내며

　문해력은 이제 국민의 관심사입니다. 왜 '문해력'에 큰 관심이 생겨났을까요? 초중고 학생들뿐만 아니라 이미 대학 교육을 받은 성인조차도 문해력이 미흡한 사람이 많은 까닭일 것입니다. 문해력이 미흡한 이유는 글을 읽지 못하기 때문이 아닙니다. 글은 또박또박 읽어 내어도 글에 담긴 내용은 제대로 이해하지 못하는 사람들이 적지 않습니다. 왜 그럴까요? 그 까닭을 부족한 어휘력 때문이라고 진단한 책들도 있습니다. 틀린 지적은 아닙니다. 하지만, 어휘력이 향상되는 만큼 저절로 문해력도 향상되는 것은 아닙니다. 글은 어휘의 나열이 아니라 문장과 문단으로 이루어진 입체적 구조물일뿐더러, 때로는 글쓴이가 의도적으로 숨긴 의미도 담고 있기 때문이며, 글에는 글쓴이의 감수성의 무늬가 새겨진 문체도 있기 때문입니다. 그것을 종합적으로 알아차리고 독자의 의견도 독서 반응으로 말과 글로 표현할 수 있는 능력이 바로 문해력입니다.

그런데도 표준국어대사전을 찾아보면 '독해력'과 '문해력'의 뜻은 비슷합니다. 독해력은 '글을 읽어서 뜻을 이해하는 능력'이고, 문해력은 '글을 읽고 이해하는 능력'이랍니다. 이 뜻풀이는 독해력(讀解力)과 문해력(文解力)을 한자 뜻으로만 정의한 것입니다. 하지만 영어로는 독해력은 reading ability이며, 문해력은 literacy입니다. 그래서 영어로 독해력은 '읽기 능력'입니다. 그럼, 영어로 문해력은 무엇일까요? 영어사전에 literacy는 '글을 읽고 쓸 줄 아는 능력'이라고 나와 있습니다. 그런데 사실은 리터러시(literacy)의 개념은 그렇게 간단하지 않습니다.

　　리터러시(literacy)의 개념, 즉 문해력 개념이 왜 간단하지 않은지 살펴보겠습니다. 첫째, 글을 읽는 활동은 '글의 내용을 이해하는 것'이 기본 목적입니다. 그래서 문해력의 첫 번째 의미는 '글을 이해하기'입니다. 둘째, 글을 읽는 활동은 독자에게 생각 거리를 줍니다. 글의 내용이 옳은지 그른지를 판단하게 하고, 글이 나아간 한계를 알아차리게 하고, 때로는 글의 내용을 비판도 하게 합니다. 그래서 문해력의 두 번째 의미는 '글을 판단하기'입니다. 셋째, 글을 읽는 활동은 읽은 글을 두루 사용할 기회를 줍니다. 읽은 글의 일부를 독자가 쓸 글에 옮기고 싶게 하기도 하며, 글 내용에 필요한 정보 가치가 있으면 누군가와의 대화에서 그것을 말하고 싶게 하기도 합니다. 그래서 문해력의 세 번째 의미는 '글을 사용하기'입니다. 넷째, 글을 읽는 활동은 그 글에 대하여 참여하게 합니다. 누리 소통망(SNS)에 글을 읽은 소감을 쓰거나, 학교에 제출할 보고서를 쓰는 활동이 그 사례가 되겠습니다. 그래서 문해력의 네 번째 의미는 '서술로써 참여하기'입니다.

　　이렇게 문해력의 개념은 마치 네 갈래로 나뭇가지를 뻗은 나무와 같습니다. 그런데 방금 얘기한 문해력의 네 가지 개념은 제가 구분 지은 것이 아닙니다. 네 개념의 풀이는 제가 밝혔지만, 문해력을 네 가지 활동 능력으로 구분한 것은 2013년에 경제협력개발기구(OECD)에서 정의한 내용입니다. 즉 OECD는 국가별 국민들의 문해율을 조사한 보고서에서 문해력을 이렇게 정의했습니다. "문해력이란 글을 이해하고 판단하고 사용하고 참여하는 능력이다."(OECD, *OECD Skills Outlook 2013: First Results from the Survey of Adult Skills*, p. 59). 이 정의는 '문해력' 책을 기획하며 자료들을 찾아보던 저를 공감시켰습니다. 문해력이 그저 '글을 읽고 이해하는 능력'에 그친다면, 그것은 '독해력'과 별반 다르지 않은 개념일 텝니다. 그리고 문해력을 그렇게 협소한 뜻으로만 삼는다면 그런 태도는, 앞으로는 우리 사회가 버려야 할 주입식 교육, 수동적 학습, 경쟁의 척도로 쓰이는 상대 평가를 연장시킬 따름일 텝니다. 그래서 저는 문해력 책을 1차원적 개념으로 접근하고 싶지 않았습니다.

그리하여 이 책 각 장에 딸린 '문해력 테스트'는 OECD의 정의에 따라 구성했습니다. 즉, 각 장의 지문(글)에 대하여 ① 이해하기 활동, ② 판단하기 활동, ③ 사용하기 활동, ④ 참여하기 활동을 하도록 편성했습니다. 각 장의 지문은 초등 2학년 국어의 핵심 지식을 담고 있으며, 그 내용을 산문으로 풀어 썼습니다. 그 지문들을 이 책의 독자가 이해하고, 판단하고, 사용하고, 참여하도록 네 부문의 질문으로 내놓았습니다. 그리고 어린이 독자의 '글을 이해하는 능력'을 향상시켜 줄 창발적 방법론을 제시했습니다. 그것이 바로 이 책의 제목이 된 '나무 문해력' 익히기입니다. '나무 문해력' 시리즈는 글의 내용을 나뭇가지 모양의 도식으로 이해하는 방법을 전수하는 책입니다. 즉, 지문(글)을 구조적으로 읽어내어 그 뼈대를 나뭇가지로 그리면서 글의 내용을 맥락으로 이해할 수 있게 하는 방법이 그것입니다. 그러니 독자 여러분은 우선 각 장의 지문을 읽고, 그 지문에 딸린 나무 그림을 보고, 다시 그 지문 내용을 확인하면서 '나무 문해력'을 익히기 바랍니다.

'답' 중에는 '정답'도 있고 '오답'도 있고, '적절한 답'도 있고 '부적절한 답'도 있습니다. 이 얘기는, 질문 중에는 '정답/오답'이 있는 질문도 있고, '적절한 답/부적절한 답'이 있는 질문도 있다는 말이기도 합니다. 그래서 모든 '답'은 '질문'을 따라다닙니다. 어떤 '질문'이냐에 따라 '답'은 '정답/오답' 또는 '적절한 답/부적절한 답'으로 나뉜다는 말입니다. 그중 '정답/오답'은 우리에게 익숙합니다. '적절한 답/부적절한 답'은 우리에게 익숙하지 않습니다. 이 책의 문해력 테스트 중에서 '참여하기'에 내놓은 질문들은 대개는 '적절한 답/부적절한 답'으로 구분될 질문입니다. '참여하기'란 '어떤 일에 끼어들어 관계하기'입니다. 그러니, '참여하기'에는 '정답/오답'보다는 '적절한 답/부적절한 답'이 더 자연스럽습니다. 독자가 '어떻게 참여하느냐'에 따라 그 독자의 문해력의 수준이 나타난다고 저는 생각합니다. 우리는 이미 AI(인공 지능)의 대답을 듣는 시대에 살고 있습니다. 그런데 AI의 대답은 질문을 어떻게 하느냐에 따라 다릅니다. 어찌하다 보니 이제는 질문하는 시대가 되었습니다. 질문은 참여하는 활동입니다. 이 책의 문해력 테스트 중에서 '참여하기' 활동은 적절히 대답하는 능력뿐만 아니라 적절히 질문하는 능력도 키워 주리라고 저는 생각합니다.

2024년 세밑에
지은이 윤병무

추천의 말

이형래

『읽었다는 착각』, 『문해력 교과서』 공저자
서울대학교 사범대학 부속 초등학교 교장 역임

초등 국어 교육에서 매우 중요한 주제가 있다. 그것은 '읽은 글을 이해하기'이다. 그래서 이 주제는 학년별 초등 국어 교과서에서 자주 다룬다. 그러한 이 교육 주제는 단원에 따라 다음과 같은 성취 목표를 갖는다: 이야기에서 사건이 일어난 차례를 살피는 것, 글에서 주요 내용을 찾는 것, 글에서 중심 문장과 뒷받침 문장을 찾는 것, 글에서 일어난 일의 인과관계를 살피는 것, 글에 나타난 글쓴이의 의견을 알아차리는 것, 글에서 생략된 내용을 짐작하는 것, 글의 흐름을 이해하는 것, 글의 내용을 간추리는 것, 글에서 '사실'과 '의견'을 구분하는 것, 글에서 등장인물의 마음을 짐작하는 것, 이야기에서 '인물·사건·배경'을 살피는 것, 글에서 문장의 짜임을 살피는 것, 읽은 글의 내용을 평가하는 것, 설명하는 글을 요약하는 것, 글의 내용을 추론하는 것 등이 그것이다.

그런데 이러한 교육 목표를 성취하려면 우선은 글쓴이가 글에 어떤 내용을 어떤 순서로 써 냈는지를 학생이 알아차려야 한다. 즉, '아하! 이 글은 이런 내용이 이런 순서로 쓰여 있구나!' 하고, 글을 읽은 학생이 글의 주요 내용을 간추릴 수 있어야 한다. 다시 말하면, 글을 읽은 학생이 그 글의 핵심을 짧은 문장으로 토막토막 적을 수 있어야 한다.

그러기 위한 가장 좋은 방법은 무엇일까? 나는 '나무 문해력 시리즈'에서 바로 그 최선의 방법을 발견했다. 즉, '나무 문해력'은 글의 요점을 나무 한 그루를 그려 가며 나뭇가지마다 적는 방법을 익힐 수 있게 유도해 주고 있다. 이 방법을 익히면 학업 성취도를 높이기 위하여 반드시 문해력을 갖추어야 하는 학생들에게 매우 유용한 습관이 될 것이다. 그런 의미에서 나는 '나무 문해력' 시리즈가 우리 초등학생들의 문해력 향상에 매우 바람직하게 작용할 것이라고 확신한다. 그래서, 추천한다!

이 책의 구성

지문 읽기

초등 2학년 국어 교과목의 단원별 핵심 지식을 산문으로 풀어 쓴 글입니다. 이 책에 담긴 그리 길지 않은 분량의 16편의 산문을 읽으면 초등 2학년 국어 교과서의 주요 내용을 이해할 수 있습니다. 서술형 지문 읽기는 문해력의 기초입니다.

나무 문해력 익히기

이 책의 '나무 문해력 익히기'는 다른 문해력 책들과 분명히 차별화한 기획입니다. '나무 문해력'은 글을 맥락으로 이해하는 방법입니다. 즉, '나무 문해력 익히기'는 독자가 글(지문)의 주요 내용을 나뭇가지 모양으로 그리며 글 전체를 구조화시켜 글의 짜임을 파악하는 인지 활동입니다. 이 활동을 익히면 어떤 글이든 전체적 뼈대를 이해하는 능력이 생깁니다.

문해력
테스트

이해하기
판단하기
사용하기
참여하기

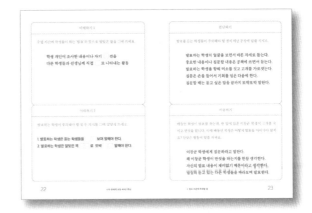

이 책에 수록된 16편의 지문에 대한 문해력 테스트
활동입니다. 독자가 글의 내용을 이해하는지, 글을 어떻게
판단하는지, 글을 변형한 질문에 어떻게 답하는지, 글의
주제를 확장한 서술형 질문에 어떻게 답변하는지를 각각
테스트합니다. 테스트는 장마다 '이해하기(1, 2), 판단하기,
사용하기, 참여하기' 부문으로 구성되어 있습니다.

해답

'정답'이 아닌 '해답'입니다.
'이해하기, 판단하기, 사용하기'의
질문들에 대하여는 옳은 답을
분명히 밝혔지만, '참여하기'의
서술형 질문은 '적절한 답',
또는 '바람직한 답'을 써 놓았기
때문입니다. 이 책의 지은이는,
'깊은' 문해력은 논리적 근거로써
활짝 열려 있다고 생각합니다.

차례

1

발표 시간에
주의할 점

수업 시간에 학생들이 하는 발표는 학생 개인이 조사한
내용이나 자기 의견을 다른 학생들과 선생님께 직접 말로 나타내는
활동입니다. 발표하는 학생은 교실 앞쪽에 나와서 자신의 의견을
다른 학생들에게 말합니다. 그렇게 학생들 앞에 서서 발표하는
학생은 몇 가지를 주의해야 합니다. 첫째, '시선'에 주의해야
합니다(시선은 '바라보는 방향'을 뜻하는 말이며, 다른 말로는
'눈길'이라고 합니다). 즉, 발표하는 학생은 자신의 발표를 듣는
학생들을 바라보며 말해야 합니다. 그러지 않고, 자신 없어서
고개를 숙이고 발표하거나 창밖을 바라보며 발표하면 듣는
학생들은 발표에 귀 기울이지 않게 됩니다. 둘째는 '목소리'에

나무 문해력 초등 국어 2학년

주의해야 합니다. 즉, 발표하는 학생은 알맞은 목소리로 또박또박 말해야 합니다. 그러지 않고, 자신 없는 마음이 들어서 너무 작은 목소리로 발표하거나 웅얼거리듯이 분명하지 않게 말하면 마찬가지로 듣는 학생들은 발표에 귀 기울이지 않게 됩니다. 또, 너무 큰 소리로 발표해도 듣는 학생들은 마음이 불편해집니다. 그러므로 발표하는 학생은 이 점을 주의해야 합니다.

그럼, 발표를 듣는 학생들은 무엇을 주의해야 할까요? 발표를 듣는 학생들도 몇 가지를 주의해야 합니다. 첫째, 발표하는 학생의 얼굴을 보면서 바른 자세로 듣는 것이 좋습니다. 그러지 않고, 발표를 듣지 않고 딴짓을 하거나 삐딱한 자세로 발표를

들으면 발표하는 학생은 불쾌해집니다. 발표하는 학생은 발표를 듣는 학생들의 태도도 살피기 때문입니다. 둘째, 발표 내용을 잘 이해했다면 발표하는 학생을 향해 미소를 짓거나 고개를 끄덕여 줍니다. 그러면 발표하는 학생은 기분 좋아집니다. 셋째, 발표의 중요한 내용이나 질문할 내용은 공책에 쓰면서 듣습니다. 그러면 중요한 내용은 오래 기억할 수 있고, 질문할 내용도 잘 정리할 수 있습니다. 넷째, 발표가 끝났거나 발표하는 동안이라도 질문할 기회가 생기면 질문할 수 있습니다. 이때는 손을 들어서 기회를 얻어 질문해야 합니다. 그러지 않고, 발표를 이어가고 있는데 불쑥 끼어들어 질문을 하면 발표의 흐름이 끊어져 다른 학생에게도 방해가 됩니다. 그리고 질문할 시간이 되어도 내 차례가 올 때까지 기다려야 합니다. 다섯째, 마침내 기회를 얻어 질문할 때는 묻고 싶은 말이나 하고 싶은 말을 끝까지 또박또박 말합니다. 그러지 않고, 발표 주제와는 거리가 먼 엉뚱한 말을 한다거나 남들이 알아들을 수 없을 만큼 작은 목소리로 웅얼거리듯 말하면 나의 생각을 제대로 전달할 수 없습니다. 이렇게, 발표 시간에는 발표하는 학생뿐만 아니라 발표를 듣고 참여하는 학생들 모두가 적절한 태도로 함께해야 모두에게 도움 되는 발표 수업을 진행할 수 있습니다.

나무 문해력 익히기

□에 알맞은 말을 쓰세요.

발표를 듣는 학생들이
주의해야 할 점:
① 시선과 □세, ② 표정과 태도,
③ 쓰면서 듣기, ④ □ 들어 질문하기,
⑤ □ 문하는 태도

발표하는 학생이 주의해야 할 점:
① 시선, ② □ 소리

수업 시간에 하는
발□의 뜻

이해하기 1

수업 시간에 학생들이 하는 '발표'의 뜻으로 알맞은 말을 □에 쓰세요.

학생 개인이 조사한 내용이나 자기 ☐ 견을
다른 학생들과 선생님께 직접 ☐ 로 나타내는 활동

이해하기 2

발표하는 학생이 주의해야 할 점 두 가지를 □에 알맞게 쓰세요.

1. 발표하는 학생은 듣는 학생들을 ☐☐ 보며 말해야 한다.
2. 발표하는 학생은 알맞은 목 ☐☐ 로 또박 ☐☐ 말해야 한다.

나무 문해력 초등 국어 2학년

판단하기

발표를 듣는 학생들이 주의해야 할 점이 아닌 문장에 밑줄 치세요.

발표하는 학생의 얼굴을 보면서 바른 자세로 듣는다.
중요한 내용이나 질문할 내용은 공책에 쓰면서 듣는다.
발표하는 학생을 향해 미소를 짓고 고개를 가로젓는다.
질문은 손을 들어서 기회를 얻은 다음에 한다.
질문할 때는 묻고 싶은 말을 끝까지 또박또박 말한다.

사용하기

배동연 학생이 발표를 하는데, 맨 앞에 앉은 이창균 학생이 고개를 숙이고 딴짓을 합니다. 이때 배동연 학생은 어떻게 발표를 이어가야 할까요? 알맞은 행동에 밑줄 치세요.

이창균 학생에게 질문하라고 말한다.
왜 이창균 학생이 딴짓을 하는지를 한참 생각한다.
자신의 발표 내용이 재미없기 때문이라고 생각한다.
열심히 듣고 있는 다른 학생들을 바라보며 발표한다.

참여하기

국어 수업은 '말하기, 듣기, 읽기, 쓰기'를 짜임새 있게 배우며 익히는 활동입니다. 발표 수업도 그 활동에 포함됩니다. 그럼, 발표는 '말하기, 듣기, 읽기 쓰기' 중에서 무엇에 더 집중한 활동일까요? 스스로 생각하여 답변하세요.

2

여러 가지 말놀이

놀이터에 있지도 않고, 공을 찰 수 있는 운동장에 있지도 않고, 컴퓨터 게임도 못 하고, 장난감도 없을 때, 하지만 그래도 친구들은 있을 때, 재밌게 할 수 있는 놀이가 있습니다. 그것은 '말놀이'입니다. 말놀이는 여럿이 서로 말을 주고받는 재미가 있는 놀이입니다. 우리가 흔히 하는 말놀이는 '끝말잇기'입니다. '이어말하기'라고 부르기도 하는 '끝말잇기'는 많이들 해 보아서 잘 알고 있을 것입니다.

'꼬리따기 말놀이'는 해 보았는지요? 이 말놀이는 비슷한 것을 머릿속에 떠올려서 말을 이어 가는 놀이입니다. 예를 들어, 한 사람이 "원숭이 엉덩이는 빨개"라고 말합니다. 다음 사람이 "빨간 것은 사과"라고 이어 받습니다. 또 다음 사람은 "사과는 맛있어"라고 하고, 그다음 사람은 "맛있으면 바나나"라고 밀하며 말놀이를 이어

갑니다. 그러다 보면, "바나나는 길어" "길은 건 기차" "기차는 빨라"
"빠르면 비행기" "비행기는 높아" "높은 건 백두산"…… 이렇게,
앞 말에서 떠오르는 다른 말을 다음 사람이 이어 가는 말놀이가
'꼬리따기 말놀이'입니다.

글자 수에 맞추어 말해야 하는 말놀이도 있습니다. '다섯
글자 말놀이'가 그것입니다. 이 놀이는 말 그대로 '다섯 글자'로
된 말만 해서 이어 가는 말놀이입니다. 예를 들어, 한 사람이
"궁금하잖니"라고 말합니다. 다음 사람이 "뭐가 궁금해"라고
이어 받습니다. 또 다음 사람은 "안 궁금한데"라고 하고, 그다음
사람은 "나는 궁금해"라며 말놀이를 이어 갑니다. 그러다 보면,
"너만 궁금해" "나도 궁금해" "함께 궁금해" "궁금해 하자"
"궁금하니까"…… 이렇게, 다섯 글자로만 말하면서 이어 가는

말놀이가 '다섯 글자 말놀이'입니다.

'말 덧붙이기 놀이'도 있습니다. 이 말놀이는 방금 시작한 친구의 말을 다음 친구가 반복하고는 새로운 말을 덧붙이는 놀이입니다. 예를 들면, 한 사람이 "마트에 가면 콜라도 있고"라고 말합니다. 다음 사람이 "마트에 가면 콜라도 있고, 사이다도 있고"라고 이어 받습니다. 또 다음 사람은 "마트에 가면 콜라도 있고, 사이다도 있고, 주스도 있고"라고 하고, 그다음 사람은 "마트에 가면 콜라도 있고, 사이다도 있고, 주스도 있고, 우유도 있고"라며 말놀이를 이어 갑니다. 그러다 보면, "마트에 가면 콜라도 있고, 사이다도 있고, 주스도 있고, 우유도 있고, 요구르트도 있고"…… 이렇게, 앞 말에 이어서 계속 말을 덧붙이는 말놀이입니다. 그러려면 뒷사람은 앞사람들이 말한 낱말들을 잘 기억해야 합니다.

이 밖에도 묻고 대답하면서 말을 주고받는 놀이인 '주고받는 말놀이'도 있고, 낱말 하나에서 출발하여 여러 문장의 이야기를 만들어 가는 '줄줄이 이야기 만들기 놀이'도 있습니다. 이런 여러 말놀이를 즐겨 보세요. 그러다 보면 어느새 낱말들을 잘 사용할 수 있는 능력이 생길 것입니다.

□에 알맞은 말을 쓰세요.

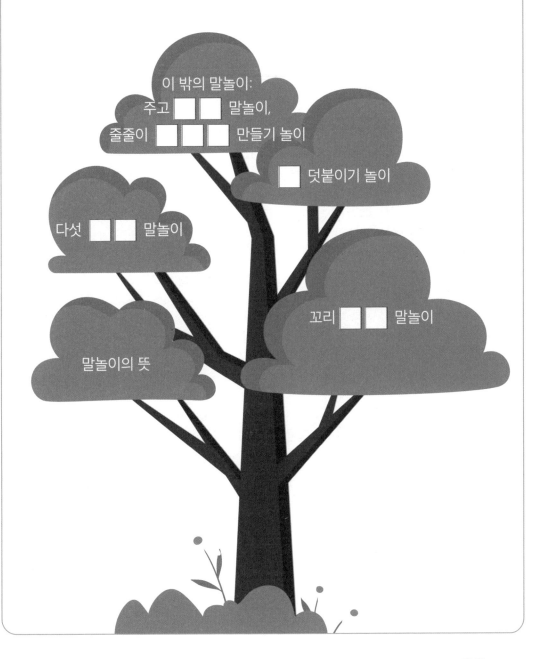

이 밖의 말놀이:

주고 □□ 말놀이,

줄줄이 □□□ 만들기 놀이

□ 덧붙이기 놀이

다섯 □□ 말놀이

꼬리 □□ 말놀이

말놀이의 뜻

이해하기 1

'비슷한 것을 머릿속에 떠올려서 말을 이어 가는 놀이'를 뜻하는 말놀이에 밑줄 치세요.

다섯 글자 말놀이

말 덧붙이기 놀이

꼬리따기 말놀이

주고받는 말놀이

줄줄이 이야기 만들기 놀이

이해하기 2

아래의 설명을 읽고 이 말놀이가 무엇인지를 □에 알맞게 쓰세요.

한 사람이 "궁금하잖니"라고 말합니다. 다음 사람이 "뭐가 궁금해"라고 이어 받습니다. 또 다음 사람은 "안 궁금한데"라고 하고, 그다음 사람은 "나는 궁금해"라며 말놀이를 이어 갑니다. 이 말놀이는 이렇게 다섯 글자로만 말하면서 이어 가는 말놀이입니다.

다섯 □□ 말놀이

판단하기

앞의 글에서 말놀이를 하면 좋은 점을 밝혔습니다. 그것을 찾아 □에 쓰세요.

□□들을 잘 사용할 수 있는 능력이 생긴다.

사용하기

'꼬리따기 말놀이'의 예문입니다. □에 알맞은 낱말을 쓰세요.

"까마귀 색깔은 검어." → "검은 건 머리카락." → "□□ □□은 꼬불거려." → "꼬불거리는 건 □□." → "라면은 맛있어." → "맛있는 건 피자." → "□□는 동그래." → "동그란 건 □□□." → "눈동자는 검어." → "검은 건 까마귀." ……

'다섯 글자 말놀이'는 다섯 글자로만 말하면서 이어 가는 말놀이입니다. 왜 '두 글자'나 '세 글자'가 아니라 '다섯 글자'로만 이어 가는 말놀이를 하게 되었을까요? 그 까닭을 생각하여 답변하세요.

3

'꾸며 주는 말'로
표현하기

1학기
겪은 일을 나타내요

이런 문장들이 있습니다. '벚나무에 꽃이 피었습니다.'
'금붕어가 헤엄칩니다.' '하늘에 구름이 떠 있습니다.' '저녁밥을
먹었습니다.' 이런 문장은 벚나무에 꽃이 핀 사실, 금붕어가 헤엄친
사실, 하늘에 구름이 떠 있는 사실, 저녁밥을 먹은 사실만을 나타낸
글입니다. 그런데 이런 문장에 글쓴이의 생각이나 느낌을 나타내는
낱말을 넣으면 문장이 생생해집니다. 이렇게 말입니다. '벚나무에
꽃이 활짝 피었습니다.' '금붕어가 하늘하늘 헤엄칩니다.' '하늘에
구름이 둥실둥실 떠 있습니다.' '저녁밥을 배불리 먹었습니다.'

　　이렇게 바뀐 문장에 들어간 낱말들은 '활짝, 하늘하늘,
둥실둥실, 배불리'입니다. 이 낱말에는 글쓴이의 생각이나

벚나무에 꽃이 **활짝** 피었습니다.

나무 문해력 초등 국어 2학년

느낌이 나타나 있습니다. 다시 말하면, 꽃이 '활짝' 피었다는 말은 벚나무의 상태를 본 글쓴이의 생각과 느낌입니다. 금붕어가 '하늘하늘' 헤엄친다는 말은 금붕어의 움직임을 본 글쓴이의 생각과 느낌입니다. 구름이 '둥실둥실' 떠 있다는 말은 하늘에 뜬 구름의 모양을 본 글쓴이의 생각과 느낌입니다. 저녁밥을 '배불리' 먹었다는 말은 밥을 충분히 먹은 글쓴이의 생각과 느낌입니다. 이렇게, 문장에서 글쓴이의 생각과 느낌을 나타내어 뒤에 있는 말을 꾸며서 그 뜻을 자세하게 해 주는 말을 '꾸며 주는 말'이라고 합니다.

그러므로 문장에서 '꾸며 주는 말'을 찾아내면 그 문장을 쓴 글쓴이의 생각과 느낌을 알아차릴 수 있습니다. 예를 들면 '달고

금붕어가 **하늘하늘** 헤엄칩니다.

시원한 수박을 먹었습니다.'라는 문장이 있습니다. 이 문장에서 '꾸며
주는 말'은 '달고 시원한'입니다. 글쓴이는 자신이 먹은 수박이 '달고
시원하다'고 느낀 것입니다. 이런 문장도 있습니다. '깜짝 놀란 까치가
푸드덕푸드덕 날아올랐습니다.' 이 문장에서 '꾸며 주는 말'은 두 곳에
있습니다. 즉, '깜짝 놀란'과 '푸드덕푸드덕'입니다. 까치가 날아오른
것은 있는 그대로의 사실이지만, '깜짝 놀란'은 글쓴이의 생각이고,
'푸드덕푸드덕'은 글쓴이의 느낌입니다.

그래서 한 문장에서 '꾸며 주는 말'을 찾으려면 먼저 그 문장에서
'있는 그대로의 사실'만을 쓴 내용이 무엇인지를 발견하면 됩니다.
예를 들어 '달콤한 복숭아를 먹었다.'에서 '사실'을 말한 내용은
'복숭아를 먹었다.'입니다. 그러므로 '꾸며 주는 말'은 '달콤한'입니다.
'고양이가 쏜살같이 뛰어갔다.'에서 '사실'을 말한 내용은 '고양이가
뛰어갔다.'입니다. 그러므로 '꾸며 주는 말'은 '쏜살같이'입니다.
이렇게, 어떤 문장에는 '사실'을 말한 부분이 있고, 글쓴이의 생각과
느낌을 나타낸 부분이 있습니다.

나무 문해력 익히기

□에 알맞은 말을 쓰세요.

꾸며 주는 □을 찾으려면
'사 □'만을 쓴 내용을
발견하면 된다

꾸며 주는 □을 찾아내면
글쓴이의 생각과 □□을
알아차릴 수 있다

꾸며 주는 □

글쓴이의 생각이나
□□을 나타내는 낱말을 넣으면
문장이 생생해진다

이해하기 1

'꾸며 주는 말'의 낱말 뜻입니다. □에 알맞은 말을 쓰세요.

문장에서 글쓴이의 생각과 □□을 나타내어
뒤에 있는 □을 꾸며서 그 뜻을 □□하게 해 주는 말

이해하기 2

아래 네 문장에서 '꾸며 주는 말'에 밑줄 치세요.

벚나무에 꽃이 활짝 피었습니다.
금붕어가 하늘하늘 헤엄칩니다.
하늘에 구름이 둥실둥실 떠 있습니다.
저녁밥을 배불리 먹었습니다.

아래 두 문장에서 '있는 그대로의 사실'만을 쓴 내용에 밑줄 치세요.

달고 시원한 수박을 먹었습니다.
깜짝 놀란 까치가 푸드덕푸드덕 날아올랐습니다.

'꾸며 주는 말'이 없는 문장에 밑줄 치세요.

장맛비가 주룩주룩 내렸다.
함박눈이 소복소복 쌓였다.
빗물이 운동장에 고였다.
눈길이 얼음처럼 얼어붙었다.

적절한 '꾸며 주는 말'을 □에 써 넣어 새로운 문장들을 만들어 보세요.

길을 가다가 배 □ □ 길고양이를 만났다. 길고양이는
비 □ 말라 있었다. 슬 □ 보이는 길고양이가 □ 실 □
실 걸어갔다.

4

받침 글자를
바르게 쓰고 읽기

한글에는 받침이 없는 낱말도 있고, 받침이 있는 낱말도 있습니다. 예를 들어, '바위, 나무, 사자, 바다, 지구'는 받침이 없는 낱말입니다. 반면에 '돌, 꽃, 뱀, 땅, 달'은 받침이 있는 낱말입니다. 그런데 '돌'에서 'ㄹ', '꽃'에서 'ㅊ', '뱀'에서 'ㅁ', '땅'에서 'ㅇ', '달'에서 'ㄹ'은 모두 홑받침입니다. 홑받침은 '하나의 자음자로 이루어진 받침'입니다. 그런가 하면 한글의 받침 중에는 쌍받침도 있습니다. 예를 들어, '낚시'에서 'ㄲ', '밖'에서 'ㄲ', '있다'에서 'ㅆ', '탔다'에서 'ㅆ'은 모두 쌍받침입니다. 쌍받침은 '같은 자음자가 겹쳐 있는 받침'입니다. 홑받침과 쌍받침 말고도 또 다른 받침도 있습니다. 그것은 겹받침입니다. 겹받침은 '서로 다른 두 개의

꽃[꼳]

나무 문해력 초등 국어 2학년

자음자로 이루어진 받침'입니다. 예를 들어, '몫'에서 'ㄱㅅ',
'앉다'에서 'ㄴㅈ', '끊다'에서 'ㄴㅎ', '흙'에서 'ㄹㄱ', '밟다'에서 'ㄹㅂ',
'값'에서 'ㅂㅅ'은 모두 겹받침입니다.

　글자의 소리는 꺾쇠괄호 안에 씁니다. 다시 말하면, 어떤
글자의 소리는 [　] 안에 소리 나는 대로 한글로 씁니다. 받침이
없는 낱말들은 글자와 소리가 같습니다. 바위[바위], 나무[나무],
사자[사자], 바다[바다], 지구[지구], 이렇게 말입니다. 홑받침이
있는 낱말들은 글자와 소리가 같거나 비슷합니다. 돌[돌], 꽃[꼳],
뱀[뱀], 땅[땅], 달[달], 이렇게 말입니다. 그런데 쌍받침이 있는
낱말들은 글자와 소리가 같지 않습니다. 낚시[낙씨], 밖[박],

낚시[낙씨]

있다[읻따], 탔다[탇따], 이렇게 말입니다. 왜 그럴까요? 쌍받침이 있는 글자의 소리는 바로 뒤에 있는 글자의 소리에 영향을 끼치기 때문입니다. 예를 들어, '낚시'를 소리 내어 읽으면 '낚'의 쌍받침인 'ㄲ'이 바로 뒤에 있는 '시'에 영향을 끼쳐 '시'가 [씨]로 소리 나는 것입니다. 또 다른 쌍받침 낱말인 '있다'와 '탔다'도 마찬가지입니다.

그럼, 겹받침이 있는 낱말들의 소리는 어떠할까요? 겹받침이 있는 낱말들도 글자와 소리가 같지 않습니다. 몫[목], 앉다[안따], 끊다[끈따], 흙[흑], 밟다[밥따], 값[갑], 이렇게 말입니다. 그런데 그중 겹받침만으로 이루어진 낱말인 '몫, 흙, 값' 따위는 그 소리가 겹받침인 두 자음자 중에서 한 자음자의 소리를 따릅니다. 즉, '몫'의 소리는 그 겹받침인 'ㄱ'과 'ㅅ' 중에서 'ㄱ'을 따라 [목]입니다. '흙'의 소리는 그 겹받침인 'ㄹ'과 'ㄱ' 중에서 'ㄱ'을 따라 [흑]입니다. '값'의 소리는 그 겹받침인 'ㅂ'과 'ㅅ' 중에서 'ㅂ'을 따라 [갑]입니다. 하지만 '앉다[안따], 끊다[끈따], 밟다[밥따]'처럼 두 글자 중에서 앞의 글자만 겹받침인 경우는 쌍받침이 있는 낱말처럼 앞 글자가 뒤 글자의 소리에 영향을 끼칩니다.

□에 알맞은 말을 쓰세요.

□받침이 있는 낱말의 소리

받침이 없는 낱말의 소리,
홑받침이 있는 낱말의 소리,
□받침이 있는 낱말의 소리

홑받침, 쌍받침, □받침

이해하기 1

낱말과 뜻풀이가 알맞게 선으로 연결하세요.

홑받침 •　　　　　• 서로 다른 두 개의 자음자로 이루어진 받침

쌍받침 •　　　　　• 하나의 자음자로 이루어진 받침

겹받침 •　　　　　• 같은 자음자가 겹쳐 있는 받침

이해하기 2

아래의 낱말에 쓰인 겹받침을 □에 쓰세요.

몫 　　　□

앉다 　　□

끊다 　　□

흙 　　　□

밟다 　　□

값 　　　□

판단하기

아래 낱말의 바른 소리를 [□]에 쓰세요.

바다   [□□]

꽃   [□]

밖   [□]

못   [□]

밟다   [□□]

값   [□]

사용하기

아래의 문장을 읽고 바른 소리를 [□]에 쓰세요.

땅[□]에서 자란 나무[□□]에서
꽃[□]이 피었다[□□□].

아래의 문장에서 홑받침 글자에는 검은색 밑줄을 치고, 쌍받침 글자에는 붉은색 밑줄을 치고, 겹받침 글자에는 파란색 밑줄을 치세요.

한글에는 받침이 없는 낱말도 있고, 받침이 있는 낱말도 있습니다. 받침에는 홑받침, 쌍받침, 겹받침이 있습니다.

5

글쓴이의 마음이
나타난 대목

1학기
마음을 짐작해요

부릉부릉, 다다다다 ……

겪은 일을 쓴 글을 읽으면 글쓴이의 마음을 짐작할 수 있습니다. 그런 글에서 독자는 어떻게 글쓴이의 마음을 짐작할 수 있을까요? 세 가지 조건을 살피면 글쓴이의 마음을 짐작할 수 있습니다. 첫째, 독자가 글쓴이와 비슷한 경험을 한 적이 있다면 글쓴이의 마음을 실감나게 느낄 수 있습니다. 둘째, 독자가 비슷한 경험을 하지 않았더라도 글쓴이의 말, 행동, 마음이 나타난 내용을 살펴 읽으면 글쓴이의 마음을 짐작할 수 있습니다. 그리고 셋째, 글 내용의 상황을 이해하면 글쓴이의 마음을 짐작할 수 있습니다. 글 내용의 상황은 언제, 어디에서, 누구에게, 어떤 일이 일어났는지를 나타내 줍니다. 일기는 겪은 일을 쓴 글입니다. 그래서 일기에는 글쓴이의 마음이 담겨 있습니다. 한 초등학생이 여름 방학 때 이런 일기를 썼습니다. 글쓴이의 마음을 짐작하며 이 일기를 읽어 봅시다.

여름은 밤에도 덥다. 그래서 우리 집은 밤에도 창문을 열어 놓고 잠잔다. 그래서 여름에는 더 짜증나는 문제가 생긴다. '부릉부릉, 다다다다' 하는 음식 배달 오토바이 소리가 너무 크기 때문이다. 더구나 어떤 오토바이는 일부러 더 크게 소리를 내며 달리는 것 같다. 그래서 이런 생각을 했다. '음식 배달 오토바이는 전기 오토바이만 타야 하도록 법으로 정하면 좋겠다. 전기 오토바이는 공기 오염 문제를 해결하는 데에도 도움이 되니까 말이다.' 하지만 그게 가능할까?

이 일기에서 글쓴이의 마음을 짐작할 수 있을까요? 앞서 얘기한 세 가지 조건을 이 일기에 하나씩 붙여 볼까요? 첫째, 이 일기를 쓴 글쓴이와 비슷한 경험을 한 적이 있나요? 밤 시간에 배달 오토바이에서 나는 큰 소리 때문에 짜증이 난 적이 있다면 이 일기를 쓴 글쓴이의 마음을 짐작할 수 있을 것입니다. 둘째, 독자에게 그런 경험이 없더라도 일기의 내용 중에서 "'부릉부릉, 다다다다' 하는 배달 오토바이 소리가 너무 크기 때문이다. 더구나 어떤 오토바이는 일부러 더 크게 소리를 내며 달리는 것 같다."라는 대목을 읽으면 글쓴이의 불편한 마음을 느낄 수 있습니다. 셋째, 이 일기의 상황은 '여름밤에, 초등학생이 집에서 창문을 열고 잠을 자는데, 배달 오토바이의 큰 소리에 짜증이 났다.'입니다. 이런 전체적인 상황을 독자가 이해하면 글쓴이의 불편한 마음을 짐작할 수 있을 것입니다. 그래서 글쓴이가 배달 오토바이는 전기 오토바이로 해야 한다는 주장에 이르게 되었다는 것도 이해할 수 있게 됩니다. 이렇듯, 어떤 글이든 독자가 꼼꼼히 살펴 읽으면 글쓴이의 마음을 짐작할 수 있습니다.

나무 문해력 초등 국어 2학년

□에 알맞은 말을 쓰세요.

일기에서
글쓴이의 마음을
세 가지로 짐□하기

한 초등학생의 일□

글쓴이의 마음을
짐작할 수 있는
□ 가지 조건

이해하기 1

글에 나타난 세 가지 조건을 살피면 글쓴이의 마음을 짐작할 수 있습니다. 그 세 가지 조건이 아닌 문장에 밑줄 치세요.

글쓴이와 비슷한 경험을 한 적이 있다면
글쓴이가 상상하는 마음을 이해할 수 있으면
글쓴이의 말, 행동, 마음이 나타난 내용을 살펴 읽으면
언제, 어디에서, 누구에게, 어떤 일이 일어났는지를 이해하면

이해하기 2

앞의 일기에서 글쓴이는 '여름에는 더 짜증나는 문제가 생긴다'고 썼습니다. 글쓴이는 왜 짜증이 났을까요? 그 까닭으로 알맞은 문장에 밑줄 치세요.

여름에는 창문을 열어도 덥기 때문에
음식 배달원이 너무 늦게 오기 때문에
음식 배달 오토바이 소리가 너무 크기 때문에
음식 배달 오토바이가 공기 오염을 시키기 때문에

나무 문해력 초등 국어 2학년

판단하기

앞의 일기에서 글쓴이가 주장하는 문장에 밑줄 치세요.

여름에는 더워서 창문을 열어 놓고 잠자야 한다.

전기 오토바이가 더 조용하다.

음식 배달은 오토바이로 하면 안 된다.

음식 배달은 전기 오토바이로 해야 한다.

전기 오토바이는 친환경 오토바이이다.

사용하기

아래의 일기에서 외할머니가 왜 자꾸 손사래를 치셨을까요? 그 까닭으로 가장 적절한 문장에 밑줄 치세요.

오늘 외할머니와 헤어질 때, 아빠께서 외할머니께 돈 봉투를 드렸다. 외할머니께서는 자꾸 손사래를 치며 안 받으셨지만, 결국에는 받으셨다.

돈이 필요 없어서 안 받으려고 한 것이다.

엄마가 주시는 게 아니라 안 받으려고 한 것이다.

돈 봉투가 얇아서 안 받으려고 한 것이다.

자식이 돈 쓰는 게 미안하여 안 받으려고 한 것이다.

앞의 글의 일기에서 글쓴이는 아래와 같이 썼습니다.

음식 배달 오토바이는 전기 오토바이만 타야 하도록 법으로 정하면 좋겠다. 전기 오토바이는 공기 오염 문제를 해결하는 데에도 도움이 되니까 말이다.

이러한 글쓴이의 주장에 대하여 이 책의 독자는 어떻게 생각하나요? 글쓴이의 주장에 대하여 찬성하든 반대하든, 또는 다른 해결 방법을 제안하든, 스스로 생각하여 쓰세요.

6

글을 읽고
자기 생각을 표현하기

그림 ⓒ 이철형

동화이든, 동시이든, 수필이든, 정돈된 글에는 중요한 내용이 있기 마련입니다. 물론 글마다 중요한 내용은 다릅니다. 하지만 공통점도 있습니다. 그 공통점은 글쓴이가 강조하여 말하려는 내용입니다. 그래서 글을 읽을 때 글쓴이가 강조하여 말한 내용을 찾으면 그 글의 중요한 내용을 알아차릴 수 있습니다. 예컨대, 우리에게 「고양이 목에 방울 달기」라는 제목으로 알려진 「묘항현령(猫項縣鈴)」이라는 속담이 있습니다. 이 속담의 이야기는 이렇습니다.

쥐들이 모여서 회의를 합니다. 고양이의 위협에 어떻게 대처할 것인지를 의논하는 것입니다. 한 젊은 쥐가 나서서 말합니다. "고양이 목에 방울을 달아 놓읍시다. 그러면 우리는 방울 소리를 듣고 미리 달아날 수 있습니다." 쥐들은 좋은 생각이라며 박수를 쳤습니다. 그때 한 늙은 쥐가 물었습니다. "그런데 누가 고양이 목에 방울을 달 수 있겠소?" 그러자 모두 아무 말도 하지 못했습니다.

이 이야기에서 중요한 내용을 찾았나요? 그렇습니다. 그것은 늙은 쥐의 말입니다. 이 이야기의 글쓴이가 바로 이 말("그런데 누가 고양이 목에 방울을 달 수 있겠소?")을 하려고 이 글을 쓴 것이기 때문입니다. 그리고 이 이야기는 어떤 교훈을 담고 있습니다. 그 교훈은 무엇일까요? 그것은 '절대로 실현하지 못할 일을 꿈꾸는 것은 어리석은 짓이다.'라고도 말할 수 있겠습니다. 그런데, 이 교훈은 과연 옳을까요? 그리고 이 이야기에서 이 교훈 말고 또 다른 교훈은 없을까요? 이 두 질문은 이 이야기를 읽은 독자에게 어떤 생각을 하게 합니다.

　　이렇게, 독자는 어떤 글을 읽으면서 어떤 생각이든 생각을
하게 됩니다. 읽은 글이 씨앗이 되어 독자의 머릿속에 새싹을
틔우는 것입니다. 예컨대 어떤 독자는 「고양이 목에 방울 달기」를
읽고 이런 생각을 할 수도 있겠습니다. '고양이 목에 방울 달기는
쥐들로서는 불가능한 일인데, 왜 쥐들은 박수를 쳤을까? 자기 대신
누군가가 위험을 무릅쓰고 해 주기만 바라는 마음은 때로는 내
마음과 같다. 잠자고 일어나면 밤사이 숙제 요정이 내 숙제를 싹 해
주기를 바랐던 어느 날의 내 마음과 같다는 말이다.' 이런 자유로운
생각은 교훈이라는 것이 어디에 따로 있는 것이 아니라 독자 스스로
판단하고 마음속으로 받아들였을 때 비로소 함께한다는 것을
증명합니다. 그러므로 글을 읽을 때는 글에서 중요한 내용도 찾을
수 있어야 하고, 그 중요한 내용과 연결되어 새싹처럼 자라나는
자기 생각도 표현할 줄 알아야 합니다.

□에 알맞은 말을 쓰세요.

「고양이 목에 방울 달기」를 읽고
드는 생□의 예

「고양이 목에 방울 달기」의
교□은 무엇인가?

「고양이 목에 방울 달기」 이야기

글쓴이가 강조하여
말하려는 내용이
글에서 □□한 내용이다

앞의 글의 「고양이 목에 방울 달기」에서 쥐들이 회의한 까닭에 밑줄 치세요.

고양이 목에 방울을 다는 방법을 찾아내려고.
고양이가 오면 달아나려고.
고양이의 위협에 어떻게 대처할 것인지를 의논하려고.
젊은 쥐와 늙은 쥐가 의논하려고.

앞의 글의 「고양이 목에 방울 달기」에서 늙은 쥐가 한 말에 밑줄 치세요.

고양이 목에 방울을 달아 놓읍시다.
우리는 방울 소리를 듣고 미리 달아날 수 있습니다.
그런데 누가 고양이 목에 방울을 달 수 있겠소?
매우 좋은 생각입니다.
꾀를 낸 제안에 찬성합니다.

판단하기

「고양이 목에 방울 달기」의 교훈으로 적절하지 않은 문장에 밑줄 치세요.

실현하지 못할 일을 꿈꾸는 것은 어리석은 짓이다.

불가능한 일을 해결하고 애쓰는 짓은 쓸데없다.

성공하기 어려운 일도 노력하면 이룰 수 있다.

위험을 무릅쓰고 나서는 영웅을 찾기는 어렵다.

어려운 일을 남이 대신 해 주기를 바라면 안 된다.

사용하기

한 아이가 이솝 우화 「토끼와 거북이」를 읽고 자신의 생각을 그날 일기에 표현하려고 합니다. 이때, 자신의 자유로운 생각을 방해하는 어떤 생각이 끼어들었습니다. 그 방해하는 생각에 해당되는 문장에 밑줄 치세요.

토끼가 잘난 체하다가 망신당했다고 써야겠다.

내 일기를 읽으실 선생님께 칭찬 받을 말을 써야겠다.

실제로는 거북이가 앞지르지 못할 것이라고 써야겠다.

경쟁 상대가 안 되는데 경주한 거북이가 불쌍하다고 써야겠다.

쥐들이 고양이 목에 방울을 달 수 있는 방법이 있을까요? 스스로 생각하여 실제로 방법이 있다면 그 방법을 쓰세요. 또는 그것이 불가능하다면 불가능한 이유를 쓰세요.

7

발표할 때
밝혀야 할 네 가지

우리는 이런저런 말을 하면서 생활합니다. 저녁밥을 먹으면서도 엄마, 아빠께 낮에 있었던 일을 얘기합니다. "그런 거 처음 봤어요." 엄마가 대꾸합니다. "정말?" 그런가 하면 승강기 안에서 만난 이웃들은 서로 간단히 인사하며 말합니다. "안녕하세요?" 이웃이 대꾸합니다. "학교에 일찍 나가는구나." 또, 수업 시간에 선생님의 질문에 대답합니다. "잘 모르겠는데요." 선생님이 대꾸합니다. "이렇게 생각해 보면 어떨까?"라고요. 쉬는 시간에는 친구들과 장난도 치면서 재밌는 말을 주고받습니다. "어제 너무 웃겼어!" "하도 웃겨서 웃다가 넘어졌잖아."라고요. 이런 말들은 대화입니다. 대화는 서로 마주하여 주고받는 말입니다.

나무 문해력 초등 국어 2학년

그래서 대화는 양쪽 방향으로 오고가는 말입니다.

한쪽 방향으로 가는 말도 있습니다. 교실에서 학생이 하는 발표도 한쪽 방향으로 가는 말입니다. 자리에 앉아서 듣는 학생들을 향하여 한 학생이 교실 앞쪽에 나와서 하는 말이 발표입니다. 예컨대, 한 학생이 발표를 시작합니다. "저의 외갓집은 바닷가에 있습니다. 외갓집에서 1분만 걸어 나가면 파도치는 바다에 발을 담글 수 있습니다." 이렇게 발표를 시작하면 듣는 학생들은 귀를 쫑긋합니다. 그러면 발표하는 학생은 흥*이 나서 외갓집에 가서 했던 자신의 경험을 이야기합니다.

그런데, 경험을 발표할 때는 반드시 밝혀야 하는 네 가지 내용이 있습니다. 첫째는 언제 경험한 것인지를 밝혀야 합니다. "지난여름 아빠 휴가 때 외갓집에 갔습니다."라고 말하는 것입니다. 둘째는 어디에서 경험한 것인지를 밝혀야 합니다. "외갓집 동네의 해변을 걸을 때였습니다."라고 말하는 것입니다. 셋째는 무슨 일을 경험했는지를 밝혀야 합니다. "해변 끝에서 바다거북을 보았습니다. 그런데 바다거북의 목에 그물이 엉켜 거북의 목을 조르고 있었습니다. 아빠가 가위로 거북의 목에 엉킨 그물을 끊어 주었습니다. 다행히 바다거북은 바다로 돌아갈 수 있었습니다."라고 말하는 것입니다. 넷째는 경험한 일에 대한 자기의 생각이나 느낌을 밝혀야 합니다. "그 바다거북을 처음 보았을 때는 가엾었습니다.

* 흥: 재미나 즐거움을 일어나게 하는 감정.

망설이지 않은 아빠의 용기 있는 행동에 저는 감동했고, 바다거북이
그물에서 벗어나 무사히 떠날 수 있게 되어 기뻤습니다."라고
말하는 것입니다.

　　발표를 마쳤으면 발표한 학생은 몇 가지를 스스로 생각해 보면
좋습니다. '내가 경험한 사실을 말했나?' '내가 듣는 사람을 바라보며
말했나?' '내가 말끝을 흐리지 않았나?' '내가 너무 작거나 크게
말하지는 않았나?' '내가 바른 자세로 말했나?' 이런 생각을 하며
스스로 점검하면 다음 번 발표를 더 잘할 수 있게 됩니다. 발표도
경험입니다.

나무 문해력 익히기

□에 알맞은 말을 쓰세요.

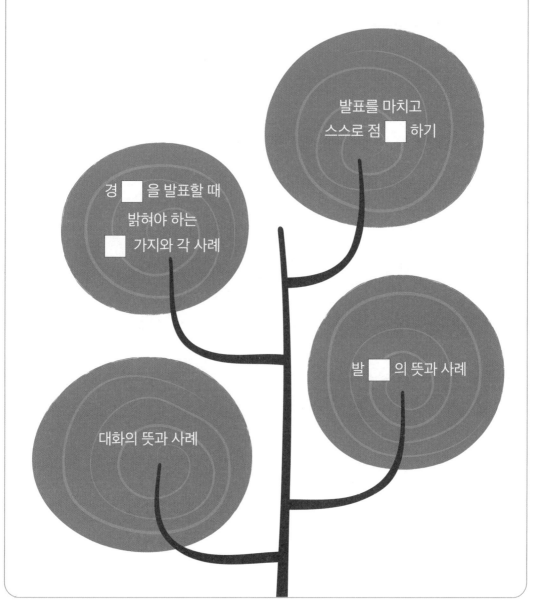

발표를 마치고
스스로 점□하기

경□을 발표할 때
밝혀야 하는
□ 가지와 각 사례

발□의 뜻과 사례

대화의 뜻과 사례

'서로 마주하여 주고받는 말'을 뜻하는 낱말에 밑줄 치세요.

발표

혼잣말

강연

대화

발표를 마친 학생이 스스로 점검하면 좋은 내용입니다. 이에 적절하지 않은 문장에 밑줄 치세요.

경험한 사실을 말했나?

듣는 사람을 바라보며 말했나?

말끝을 흐리지 않았나?

알맞은 크기의 목소리로 말했나?

발표에 대해 엄마가 어떻게 생각하실까?

바른 자세로 말했나?

판단하기

경험을 발표할 때 밝힐 내용과 사례가 서로 알맞게 선으로 연결하세요.

언제 •   • 바다거북을 도와주었다

어디에서 •   • 지난여름 아빠 휴가 때

무엇을 했는지 •   • 아빠의 행동에 감동했다

생각과 느낌 •   • 외갓집 동네의 해변에서

사용하기

아래의 발표 내용에서 밝힌 '때'와 '장소'를 □에 쓰세요.

"저의 엄마의 생일은 크리스마스 날입니다. 그래서 저의 엄마 생일은 항상 휴일입니다. 해마다 엄마 생일이면 우리 가족은 동네의 작은 성당에 갑니다. 그곳에서 엄마 생일도 축하합니다."

때: 12월 ☐ 일
장소: 동네 ☐☐

아래의 발표에는 경험을 발표할 때 밝혀야 할 네 가지 내용 중 빠뜨린 내용이 있습니다. 그 빠뜨린 내용이 무엇인지를 쓰세요.

"지난 주말에 엄마, 아빠와 제가 우리 집에서 출발하여 그곳에 도착하기까지 다섯 시간이나 걸렸습니다. 그 전날, 엄마께서는 '이튿날 중요한 일이 있어서 당일 꼭 돌아와야 한다'고 말씀하셨습니다. 그래서 우리 가족은 그곳에서 두 시간밖에 머물지 못했습니다. 금세 떠나는 우리 가족을 바라보시는 할머니의 젖은 눈을 보았습니다. 저는 마음이 아팠습니다."

8

시와 이야기를
읽는 맛

나무 문해력 초등 국어 2학년

시와 이야기는 둘 다 글이라는 점에서는 같지만, 서로 다른 특성을 갖고 있습니다. 다시 말하면, 일반적인 시에는 일반적인 이야기와는 다른 나름의 특성이 있고, 일반적인 이야기에도 일반적인 시와는 다른 나름의 특성이 있습니다. 서로 다른 그 특성들이 무엇일까요? 그 특성들을 알아차리면 시를 읽을 때는 시의 참맛을 느낄 수 있겠고, 이야기를 읽을 때는 이야기의 참맛을 느낄 수 있겠습니다.

일반적인 시의 특성으로 대표적인 것은 '운율'입니다. 영어로는 '리듬(rhythm)'이라고 하는 운율은 소리를 느낄 수 있는 글을 일컫는 낱말입니다. 그래서 운율이 있는 글은 소리의 높고 낮음으로 나타날 수도 있고, 소리의 길고 짧음으로 나타날 수도 있고, 같은 소리나 비슷한 소리의 반복으로 나타날 수도 있습니다. 예컨대, 우리는 권오순 시인의 동시 「구슬비」에서 다양한 운율을 느낄 수 있습니다.

송알송알 싸리 잎에 은구슬 / 조롱조롱 거미줄에 옥구슬 / 대롱대롱 풀잎마다 총총 / 방긋 웃는 꽃잎마다 송송송 / 고이고이 오색실에 꿰어서 / 달빛 새는 창문가에 두라고 / 포슬포슬 구슬비는 종일 / 예쁜 구슬 맺히면서 솔솔솔.

노래로도 만들어진 이 동시에서 '송알송알, 조롱조롱, 대롱대롱, 고이고이, 포슬포슬'을 읽으면 소리의 어떤 느낌을 받나요? 이 낱말들에서 우리는 소리의 높낮이와 길고 짧음을 느낄 수 있습니다. 또한, '은구슬, 옥구슬, 총총, 송송송, 솔솔솔' 등의 낱말에서는 비슷한 소리의 반복을 느낄 수 있습니다. 한 편의 글에 담긴 이런 내용이 바로 운율입니다. 그래서 일반적인 시를 읽을 때는 그 시에서 흘러가는 운율을 느낄 수 있으면 시의 참맛을 느낄 수 있습니다.

그럼, 이야기에는 어떤 특성이 있을까요? 일반적인 이야기의 특성은 '이야기의 뼈대를 이룬 사건에 중요한 흐름이 있다는 것'입니다. 어떤 사건이 시작되고, 그 사건이 전개되고, 그 사건이 절정에 이르고, 그 사건이 결말에 이르게 되는 과정이 그 흐름입니다. 그러므로, 이야기를 읽으면서 그 참맛을 느끼려면 이야기의 사건이 어떻게 시작되는지, 그 사건이 어떻게 펼쳐지는지, 그 사건이 어떻게 최고조에 이르러 독자에게 짜릿한 느낌을 주는지, 그리고 그 사건이 어떻게 마무리되는지를 놓치지 않고 살펴 읽어야 합니다.

그러고 보면, 시는 징검다리와 비슷하고, 이야기는 냇물과 비슷합니다. 시의 운율을 따라 읽는 것이 마치 징검다리를 폴짝폴짝 뛰듯이 읽는 것 같으니까요. 그리고 이야기를 읽은 것은 마치 어떤 사건이 구불구불 흘러가는 냇물을 따라가는 것 같으니까요. 이렇게, 시이든 이야기이든 글의 특성을 알아차리면 글에 담긴 참맛을 느낄 수 있습니다.

□에 알맞은 말을 쓰세요.

□ 는 징검다리와 비슷하고,
□□□ 는 냇물과 비슷하다

이야기의 특성은
'□□의 흐름'

「구슬비」에서 느낄 수 있는
운율 세 가지

시의 특성은 운□

이해하기 1

시의 특성과 이야기의 특성을 나타내는 각 낱말을 선으로 연결하세요.

시 •   • 사건

이야기 •   • 운율

이해하기 2

이야기의 특성에 대한 설명입니다. □에 알맞은 낱말을 쓰세요.

일반적인 이야기의 특성은 이야기의 뼈대를 이룬 □□
에 중요한 □□ 이 있다는 것이다.

판단하기

운율에 대한 설명입니다. □에 알맞은 낱말을 쓰세요.

운율(rhythm)은 □□ 를 느낄 수 있는 글을 일컫는 낱말이다. 운율이 있는 글은 소리의 높고 □ 음으로 나타날 수도 있고, 소리의 길고 □ 음으로 나타날 수도 있고, □ 은 소리나 □□ 한 소리의 반복으로 나타날 수도 있다.

사용하기

아래의 동시에서 소리나 모양을 나타내는 낱말에 밑줄 치세요.

대나무가 쑥쑥
참나무가 쩍쩍
소나무가 구불
벗나무가 활짝

「흥부전」 이야기에는 사건이 절정에 이르는 두 장면이 나옵니다. 아래의 보기에서 그 절정을 이르는 두 장면에 밑줄 치세요. 그리고 왜 밑줄 친 두 장면이 사건의 절정인지 그 까닭도 짧게 쓰세요.

놀부가 흥부를 야단치는 장면.

흥부가 놀부에게 야단맞는 장면.

제비가 흥부에게 박 씨를 물어다 주는 장면.

제비가 놀부에게 박 씨를 물어다 주는 장면.

흥부네 박 속에 들어 있는 것이 나타나는 장면.

놀부네 박 속에 들어 있는 것이 나타나는 장면.

흥부가 제비의 부러진 다리를 고쳐주는 장면.

놀부가 제비의 다리를 남몰래 부러뜨리는 장면.

시에 대한
생각이나 느낌

82

윤동주 시인은 어린이를 위한 동시도 많이 썼습니다. 그중 「빗자루」라는 시가 있습니다. 아래와 같습니다.

요—리조리 베면 저고리 되고
이—이렇게 베면 큰 총 되지.
　　누나하구 나하구
　　가위로 종이 쏠았더니
　　어머니가 빗자루 들고
　　누나 하나 나 하나
　　볼기짝을 때렸소
　　방바닥이 어지럽다고—

　　아니 아—니
　　고놈의 빗자루가
　　방바닥 쓸기 싫으니
　　그랬지 그랬어
괘씸하여 벽장 속에 감췄더니
이튿날 아침 빗자루가 없다고
어머니가 야단이지요.

이 시의 장면은 아마도 윤동주 시인이 어렸을 때 겪은 일일 듯합니다. 이 시에서 벌어진 일이 매우 사실적이기 때문입니다.

그래서 이 시는 더욱 흥미롭습니다. 어린이 윤동주의 그림 동화 같은 이야기이니까요. 그래서 이 시를 읽으면 어떤 장면이 떠오릅니다. 그런데 그 장면은 독자마다 다를 것입니다. 그것은 독자의 상상이기 때문입니다. 독자들은 시를 읽으며 어떤 장면을 상상할까요? 시의 장면을 상상하기는 세 가지로 가능하겠습니다.

첫째는 '시의 내용을 생각하며 장면을 상상하기'입니다. 「빗자루」에서는 어린이 윤동주가 누나와 함께 가위로 종이 자르기 놀이를 하고 있습니다. 그렇게 방을 어질러 놓아서 엄마에게 빗자루로 야단맞는 장면이 나옵니다. 이런 장면을 상상하기는 어렵지 않습니다.

둘째는 '인상 깊은 표현을 생각하며 장면을 상상하기'입니다. 「빗자루」의 인상 깊은 표현은 독자마다 다를 것입니다. 어떤 독자는 '엄마에게 볼기짝을 맞은' 장면을 인상 깊은 표현으로 생각할 수도 있겠습니다. 또 다른 독자는 '빗자루를 벽장 속에 감추는' 장면을 인상 깊은 표현으로 생각할 수도 있겠습니다. 또 어떤 독자는 야단치신 엄마에 대한 섭섭한 마음을 "고놈의 빗자루가 / 방바닥 쓸기 싫으니 / 그랬지 그랬어"라고 쓴 시인의 마음을 인상 깊은 표현으로 생각할 수 있겠습니다.

셋째는 '자신의 경험과 비교하며 장면을 상상하기'입니다. 엄마에게 야단맞지 않은 어린이는 없을 것입니다. 자신이 엄마에게 야단맞았던 경험을 비교하며 시 속의 야단맞는 장면을 머릿속에 떠올리면 시의 장면을 쉽게 상상할 수 있겠습니다.

나무 문해력 익히기

□에 알맞은 말을 쓰세요.

③ 자신의 □□ 과 비교하며 장면을 상상하기

② □□ 깊은 표현을 생각하며 장면을 상상하기

① 시의 내용을 생각하며 □□ 을 상상하기

시를 읽으면 어떤 장면이 떠오른다

윤동주 시인의 시 「빗□□」

이해하기 1

앞의 시 「빗자루」에서 어린이 윤동주는 엄마에게 야단맞고 벽장 속에 어떤 물건을 감춥니다. 그 물건은 무엇인가요? □에 쓰세요.

□□□

이해하기 2

독자가 시의 장면을 상상할 때 적절하지 않은 방법에 밑줄 치세요.

시의 내용을 생각하며 장면을 상상한다.
시에서 인상 깊은 표현을 생각하며 장면을 상상한다.
시를 읽기 전에 먼저 시의 장면을 상상한다.
자신의 경험과 비교하며 시의 장면을 상상한다.

나무 문해력 초등 국어 2학년

판단하기

앞의 시 「빗자루」에서 어린 시인은 빗자루를 벽장 속에 감춥니다. 왜 그랬을까요? 그 까닭으로 적절한 문장에 밑줄 치세요.

엄마에게 야단맞게 한 빗자루가 미워서

빗자루가 없으면 청소를 하지 않아도 되니까

야단친 엄마에게 서운한 마음이 들어서

이튿날에도 종이 오리기 놀이를 또 하려고

사용하기

한 어린이가 앞의 시 「빗자루」를 읽고 아래와 같은 일기를 썼습니다. □에 알맞은 낱말을 쓰세요.

윤동주 시인의 「빗자루」를 읽었다. 엄마에게 야단맞은 것이 □□□가 방바닥을 쓸기 싫었기 때문이라는 어린 시인의 착한 마음을 생각했다. 나 같으면 야단치신 엄마를 미워했을 것 같다. 윤동주 시인은 엄마를 참 많이 사랑하는가 보다.

앞의 시 「빗자루」는 이렇게 시작합니다.

> 요—리조리 베면 저고리 되고
> 이—이렇게 베면 큰 총 되지.

그러면, "저고리"를 만든 인물은 누구이며, "큰 총"을 만든 인물은 누구일까요? 그 인물들은 시 속에 있습니다. 곰곰이 생각하여 그 두 인물을 시에서 찾아 쓰세요. 그리고 그 인물이라고 생각한 까닭도 간단히 쓰세요.

10

상대를 존중하며
대화하기

2학기
서로 존중해요

우리는 매일 누군가와 대화를 합니다. '대화'는 둘이나 여럿이서 마주 대하여 이야기를 주고받는 활동입니다. 그런데 대화를 잘하는 사람도 있고, 못하는 사람도 있습니다. 이 얘기는 대화할 때 말을 많이 하는 사람이 대화를 잘하고, 말을 적게 하는 사람이 대화를 못한다는 뜻이 아닙니다. 말을 많이 해도 대화를 못하는 사람이 있고, 말을 적게 해도 대화를 잘하는 사람이 있습니다. 오히려 대화를 잘하는 것과 못하는 것은 대화하는 태도에 따라 구분됩니다. 대화하는 태도는 어떻게 구분될까요?

대화하는 태도는 두 가지로 구분할 수 있습니다. 즉, 상대를 존중하는 태도로 대화를 하느냐, 존중하지 않는 태도로 대화를

하느냐로 구분할 수 있습니다. 상대를 존중하는 태도는 상대를 귀하게 여겨 소중하게 대하는 마음가짐입니다. 상대를 존중하지 않는 태도는 상대를 무시하여 함부로 대하는 마음가짐입니다. 상대를 존중하는 태도로 대화를 하면 말하는 사람도 기분이 좋고, 듣는 상대로 기분이 좋아져 서로가 편안하고 즐거운 대화를 하게 됩니다. 그렇게 주고받는 말이 잘하는 대화입니다. 반면에, 상대를 존중하지 않는 태도로 대화를 하면 먼저 말하는 사람이 상대에게 말을 함부로 합니다. 그러면 듣는 상대는 불쾌해져서 마찬가지로 상대를 존중하지 않는 태도로 거칠게 대꾸하게 됩니다. 그렇게 주고받는 말이 못하는 대화입니다.

상대를 존중하는 태도로 하는 대화는 상대를 칭찬하거나 상대에게 조언하는 대화인 경우가 많습니다. 이때의 '칭찬'은 상대의 좋은 점, 착한 점, 훌륭한 점을 높이 평가하는 말이고, '조언'은 상대에게 어려움이 있을 때 도움이 되도록 일깨워 주는 말입니다. 그럼, 칭찬은 어떻게 하고, 조언은 어떻게 하면 좋을까요? '칭찬은 고래도 춤추게 한다'는 말처럼 칭찬은 상대의 기분을 좋아지게 합니다. 다만, 칭찬할 때는 좋은 점을 너무 부풀리지 말고 진심으로 칭찬해야 합니다. 예컨대, "너는 친구들이 놓친 생각을 꼼꼼하게 챙길 줄 아는구나!" 이렇게 칭찬받는 까닭을 자세히 드러내 웃으며 이야기합니다. 조언할 때는 도와주려는 마음이 진심이라는 것을 상대가 느끼게끔 말해야 합니다. 예컨대, "얼마 전까지는 나도 겁나서 인라인스케이트를 못 탔었어. 그래도 여러 번 넘어지면서 배웠어. 너는 나보다 쉽게 배울 수 있을 거야. 너도 배워서 우리 함께 타지 않을래?" 이렇게 솔직한 자기 경험도 밝히며 진심으로 돕고 싶은 마음을 상대에게 전달합니다. 언제 어디서나 상대를 존중하며 하는 대화에는 눈에는 보이지 않는 향기로운 꽃이 핍니다.

나무 문해력 익히기

□에 알맞은 말을 쓰세요.

상대를 존중하는 태도로 하는 대화:
칭찬과 □□

잘하는 대화와
□ 하는 대화

대화하는
두 가지 태도

이해하기 1

낱말과 뜻풀이가 알맞게 선으로 연결하세요.

칭찬 •　　• 상대에게 어려움이 있을 때 도움이 되도록 일깨워 주는 말

조언 •　　• 상대의 좋은 점, 착한 점, 훌륭한 점을 높이 평가하는 말

이해하기 2

'잘하는 대화'를 일컫는 문장에 밑줄 치세요.

말을 많이 하는 대화가 잘하는 대화이다.

말을 적게 하는 대화가 잘하는 대화이다.

상대를 존중하는 대화가 잘하는 대화이다.

상대를 무시하는 대화가 잘하는 대화이다.

판단하기

친구에게 조언할 때 적절하지 않은 태도에 밑줄 치세요.

친구를 걱정하는 마음을 드러내며 조언한다.
친구의 마음을 함께 느끼며 조언한다.
친구의 잘못을 하나하나 지적하며 조언한다.
문제를 해결할 방법을 알려주며 조언한다.

사용하기

아래의 대화 중에서 상대를 존중하는 태도로 하는 대화에 밑줄 치세요.

"그건 쉬운 일인데 너는 왜 어려워하니?"
"네가 잘할 줄 아는 게 있긴 있는 거야?"
"알림장에 적어 왔어야지. 또 까먹은 거야?"
"너는 뭐든 노력하니까 곧 잘할 수 있을 거야."

참여하기

친구에게 '칭찬하는 대화'를 하는 것이 쉬울까요? '조언하는 대화'를 하는 것이 쉬울까요? 가만히 생각하여 답변하세요.

11

사물을 설명하는
글쓰기

2학기
내용을 살펴요

한 초등학생이 '사물을 설명하는 글'을 썼습니다. 그 글의
제목은 「스무고개」입니다. 그 글은 이렇습니다.

이것은 사람 키보다 큰 풀의 열매이다. 이것은 내가 좋아하는
간식이다. 옛날에 강원도에서는 쌀이 부족하여 이것을 밥으로
먹었단다. 이것은 쪄 먹기도 하고, 구워 먹기도 한다. 때로는
샐러드에 넣어 먹기도 한다. 이것의 색깔은 노란색이거나 흰색이지만
점박이도 있다. 이것은 맛이 달달하고, 씹으면 쫀득거린다. 이것은
한손에 쥐어지고, 이것의 낱알들은 이것의 둥근 대에 빼곡하게
박혀 있다. 이것의 낱알 크기는 콩알 만하다. 그러한 이것의 바싹

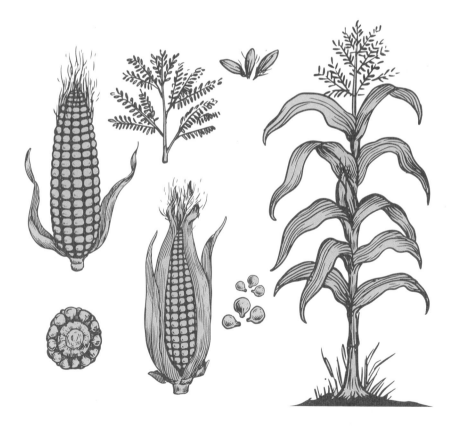

나무 문해력 초등 국어 2학년

마른 낱알들은 뻥튀기하여 강냉이로 먹기도 하고, 보리차처럼 차로
끓여 먹기도 한다. 이것은 여름에 밭에서 수확한다. 이것을 덮고
있는 이파리 속에는 수염같이 가느다란 실이 많다. 이것의 낱알들을
길게 두 줄만 남기면 하모니카 같은 모양이 된다. 이것의 이름은
'옥수수'이다.

사물을 설명하는 글은 어떤 사물에 대하여 읽는 사람이 잘 알
수 있도록 자세히 설명하는 글입니다. 그래서 어떤 사물을 설명하는
글을 쓸 때는 글쓴이는 미리 그 사물의 특징을 잘 알고 있어야
합니다. 사물의 특징은 무엇일까요? 사물의 특징은 사물마다

다릅니다. 하지만, 그 특징을 나타내는 요소를 몇 가지로 나누어 설명할 수 있습니다. 우선 그 첫 번째 요소는 '사물의 생김새'입니다. 앞의 글에서 밝힌 옥수수의 생김새는 '둥근 대에 낱알들이 빼곡하게 박혀 있는 모양'입니다. 사물에 있는 특징의 두 번째 요소는 '사물의 크기'입니다. 앞의 글에서 밝힌 옥수수 낱알의 크기는 '콩알' 만합니다. 사물에 있는 특징의 세 번째 요소는 '사물의 색깔'입니다. 앞의 글에서 밝힌 옥수수의 색깔은 '노란색이거나 흰색이지만 점박이'도 있습니다. 사물의 특징의 네 번째 요소는 '사물의 쓰임새'입니다. 앞의 글에서 밝힌 옥수수의 쓰임새는 '밥 대신 먹었던 음식'이며 '쪄 먹거나 구워 먹거나 뻥튀기로 먹는 간식'이며 '물에 끓여 먹는 차'입니다.

　이렇게, 어떤 사물을 설명하는 글을 쓸 때는 그 사물의 특징을 나타내는 몇 가지 요소를 밝히면 그 사물을 잘 설명할 수 있습니다. 물론, 어떤 사물의 요소는 앞에서 밝힌 네 가지(생김새, 크기, 색깔, 쓰임새)뿐만 아니라 더 많아질 수 있습니다. 예컨대 그 사물이 '옥수수'처럼 음식인 경우에는 앞의 글에서처럼 '맛'도 설명해야 할 중요한 요소가 됩니다. 또한 그 사물이 기계인 경우에는 '사물의 쓰임새'뿐만 아니라 그 사물의 기계적 성능도 특징의 요소가 됩니다.

□에 알맞은 말을 쓰세요.

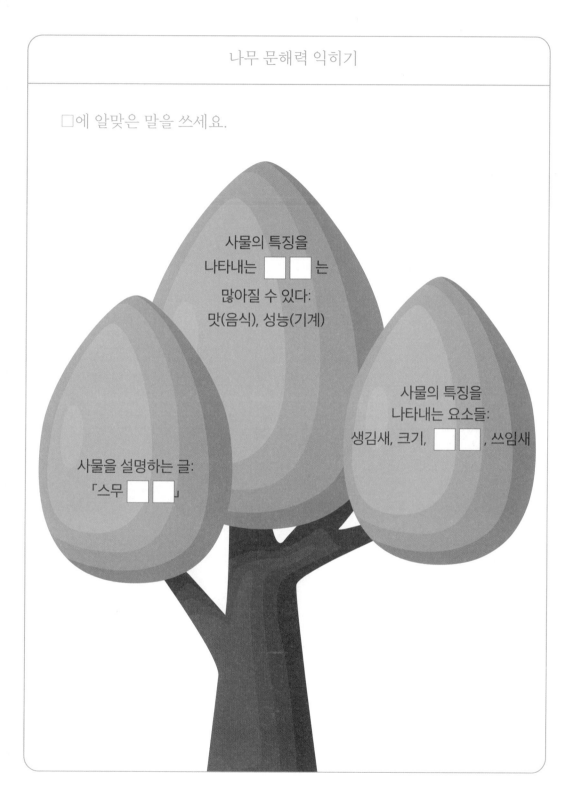

사물의 특징을
나타내는 [ ][ ]는
많아질 수 있다:
맛(음식), 성능(기계)

사물의 특징을
나타내는 요소들:
생김새, 크기, [ ][ ], 쓰임새

사물을 설명하는 글:
「스무 [ ][ ]」

이해하기 1

앞의 글의 「스무고개」에서 설명하는 사물은 무엇인가요? 그 사물의 이름을 □에 쓰세요.

이해하기 2

어떤 사물의 특징을 나타내는 요소로 적절하지 않은 낱말에 밑줄 치세요.

색깔

크기

생김새

평가

쓰임새

옥수수의 쓰임새를 설명한 문장에 밑줄 치세요.

하모니카 같은 모양이 된다.

보리차처럼 차로 끓여 먹기도 한다.

사람 키보다 큰 풀의 열매이다.

낱알 크기는 콩알 만하다.

맛이 달달하고, 씹으면 쫀득거린다.

아래의 사물을 설명하는 글에서 '이것'은 무엇인가요? 그 이름을 □에 쓰세요.

이것에는 바퀴가 세 개 있다. 이것은 앞바퀴의 발판을 구르면 움직인다. 이것은 어린아이가 타는 것이다. 이것에는 브레이크 가 따로 없다. 그래서 이것은 넓은 공원이나 운동장 같은 공터 에서 타야 안전하다. 이것의 이름은 □□□□□이다.

아래는 사물을 설명하는 글을 쓸 때의 순서입니다. 알맞은 그 순서를
□에 번호로 쓰세요.

☐ 글로 설명할 사물을 정한다.

☐ 어떤 사물에 대한 글을 쓸지를 생각한다.

☐ 글로 설명할 사물에 대한 특징들을 공책에 적어 둔다.

☐ 글로 설명할 사물에 대한 특징을 인터넷으로 찾아본다.

☐ 사물을 설명하는 글을 쓴다.

☐ 쓴 글을 살펴 읽고, 고칠 문장이 있으면 고쳐 쓴다.

12

글쓴이의 마음을
짐작하기

2학기
마음을 전해요

겪은 일을 쓴 글에는 글쓴이의 마음이 나타나 있습니다. 그 글은 글쓴이에게 실제로 일어난 일에 대한 이야기이고, 그래서 그 글에는 글쓴이의 마음이 담겨 있습니다. 그러므로 그 글에는 글쓴이의 생각과 느낌이 글로 표현되어 있습니다. 예를 들겠습니다. 한 초등학교 학생이 자신이 겪은 일에 대하여 이런 글을 썼습니다.

우리 아파트에서는 일요일마다 재활용 쓰레기 분리수거를 한다. 분리수거하는 재활용 쓰레기의 종류는 종이, 우유팩, 계란 판, 플라스틱, 깡통, 병, 스티로폼, 비닐이다. 재활용 쓰레기를 배출할 때는 종류마다 잘 정리하여 버려야 한다. 종이 상자를 버릴 때는

나무 문해력 초등 국어 2학년

종이 상자에 붙은 비닐 테이프를 모두 떼어내고 펼쳐서 차곡차곡
쌓아 놓아야 한다. 우유팩을 버릴 때는 접거나 펼쳐서 놓아야 한다.
플라스틱을 버릴 때는 플라스틱에 붙은 비닐을 모두 떼어내고
놓아야 한다. 그런데 내가 매주 지켜보면, 적지 않은 사람들이 재활용
쓰레기들을 함부로 버린다. 그분들은 재활용 쓰레기 분리 배출을
마지못해 하는 것 같다. 그래도 사람들이 규칙을 지키면 좋겠다.

이런 글을 읽으면 독자는 글쓴이의 마음을 짐작할 수 있습니다.
독자는 글쓴이의 마음을 짐작할 수 있기까지 세 가지 방법으로
글을 읽을 수 있습니다. 첫째, 독자가 글쓴이와 비슷한 경험을 한

적이 있다면 글쓴이의 마음을 쉽게 짐작할 수 있습니다. 둘째, 독자가 비슷한 경험을 하지 않았더라도 글쓴이의 말, 행동, 마음을 나타내는 내용을 살펴 읽으면 글쓴이의 마음을 짐작할 수 있습니다. 그리고 셋째, 글 내용의 상황을 이해하면 글쓴이의 마음을 짐작할 수 있습니다. 글 내용의 상황은 언제, 어디에서, 누구에게 어떤 일이 일어났는지를 나타내 줍니다.

그럼, 재활용 쓰레기 분리수거에 대한 앞의 글에서 글쓴이가 겪은 상황은 무엇일까요? 글쓴이는 일요일마다, 아파트 재활용 쓰레기 분리수거장에서, 재활용 쓰레기를 배출하는 사람들을 지켜보았습니다. 아파트 주민 중에서 적지 않은 사람들이 재활용 쓰레기를 함부로 버렸습니다. 종이 상자, 우유팩, 플라스틱 등은 비닐을 떼어내거나 펼쳐서 버려야 하는데, 그런 배출 규칙을 지키시 않는 사람들이 많았던 것입니다. 이렇게, 글에 나타난 글쓴이가 겪은 상황을 이해하면 재활용 쓰레기 분리수거장에서 못마땅해 하는 글쓴이의 마음을 짐작할 수 있습니다.

□에 알맞은 말을 쓰세요.

재활용 쓰레기 분리수거에 대한 글에서
□□□ 가 겪은 상황

글쓴이의 □□ 을 짐작할 수 있는 방법 세 가지

□□□ 쓰레기 분리수거장에서 겪은 일을 쓴 글

이해하기 1

앞의 글에서 겪은 일을 쓴 글은 글쓴이가 어디에서 겪은 일인가요? 그 장소에 밑줄 치세요.

아파트의 관리 사무소 건물

아파트의 쓰레기장

아파트의 재활용 쓰레기 분리수거장

아파트의 놀이터

이해하기 2

글쓴이의 마음을 짐작할 수 있는 세 가지 방법이 아닌 문장에 밑줄 치세요.

글쓴이와 비슷한 경험을 한 적이 있다면 글쓴이의 마음을 짐작할 수 있다.

글쓴이의 말, 행동, 마음을 나타내는 내용을 읽으면 글쓴이의 마음을 짐작할 수 있다.

글쓴이의 생활 습관을 이해하면 글쓴이의 마음을 짐작할 수 있다.

글 내용의 상황을 이해하면 글쓴이의 마음을 짐작할 수 있다.

판단하기

앞의 글에서, 겪은 일을 쓴 글의 글쓴이는 재활용 쓰레기 분리수거장에서 못마땅해 합니다. 그 까닭으로 알맞은 문장에 밑줄 치세요.

분리수거해야 할 재활용 쓰레기가 너무 많아서
재활용 쓰레기 분리수거 일을 돕는 관리인이 불쌍해서
주민들이 규칙을 지키지 않고 재활용 쓰레기를 함부로 버려서
주민들이 재활용 쓰레기 분리 배출을 마지못해 해서

사용하기

앞의 글에서, 겪은 일을 쓴 글의 글쓴이가 그 글의 끝부분에 이어서 어떤 말을 한다면 어떤 말이 이 글에 어울릴까요? 어울리지 않은 말에 밑줄 치세요.

"주민 여러분, 앞으로는 재활용 쓰레기를 버리지 마세요."
"주민 여러분, 재활용 쓰레기를 배출하는 규칙을 지키세요."
"주민 여러분, 재활용 쓰레기를 함부로 버리지 마세요."
"주민 여러분, 재활용 쓰레기를 제대로 배출해 주세요."

재활용 쓰레기 분리수거를 위하여 종이 상자를 배출할 때는 종이 상자에 붙은 비닐 테이프를 떼어내고 종이 상자를 펼쳐서 한곳에 쌓아 놓는 것이 배출 규칙입니다. 왜 이런 배출 규칙을 정한 것일까요? 곰곰이 생각하여 답변하세요.

13

바른 말을 사용하기

나무 문해력 초등 국어 2학년

글을 쓰거나 말을 할 때 낱말을 잘못 사용하는 경우가 있습니다. 왜 그럴까요? 잘못 사용한 낱말의 뜻을 잘 모르는 것은 아니지만, 그 낱말 뜻을 분명히 알고 있는 것도 아니기 때문에 때때로 낱말을 잘못 사용하곤 합니다. 그중에는 글자 모양이 비슷해서 잘못 사용하기 쉬운 낱말이 있습니다. 예컨대, '작다'와 '적다'가 그렇습니다. '작다'와 '적다'의 낱말 뜻은 서로 다릅니다. '작다'의 뜻은 '높이나 넓이 따위의 크기가 비교하는 대상보다 덜하다'입니다. '적다'의 뜻은 '개수나 분량의 정도가 일정한 기준에 미치지 못하다'입니다. 그래서 "라면 한 개는 세 사람이 나누어 먹기에는 너무 **작다**."라고 말하면 안 되고, "라면 한 개는 세 사람이 나누어 먹기에는 너무 **적다**."라고 말해야 합니다. 라면의 한 개의 양은 세 명이 나누어 먹기에는 부족하기 때문입니다.

또, 글자 모양이 비슷해서 잘못 사용하기 쉬운 낱말 중에는 '잊어버리다'와 '잃어버리다'도 있습니다. 이 두 낱말의 뜻은 얼핏 생각하면 서로 비슷해 보일 수 있습니다. 하지만 이 두 낱말의 뜻은 서로 전혀 다릅니다. '잊어버리다'의 뜻은 '알았던 것을 기억하지 못하다'입니다. '잃어버리다'의 뜻은 '갖고 있던 물건이 자신도 모르게 없어졌다'입니다. 그래서 "놀이공원에서 내 장갑을 **잊어버렸어**."라고 말하면 안 되고, "놀이공원에서 내 장갑을 **잃어버렸어**."라고 말해야 합니다. 장갑은 물건이고, 잃어버린 것은 장갑이지 기억이 아니기 때문입니다. 이 밖에도, 글자 모양이 비슷해서 잘못 사용하기 쉬운 낱말 중에는 '바라다'(무엇을

희망하다)와 '바래다'(색깔이 퇴색되다)도 있고, '짓다'(재료로
무엇을 만들다)와 '짖다'(동물이 소리를 내다)도 있습니다.

　그런가 하면, 글자 모양이 전혀 달라도 잘못 사용하기 쉬운 두
낱말이 있습니다. '다르다'와 '틀리다'가 그것입니다. 이 두 낱말의
뜻도 얼핏 생각하면 서로 비슷해 보일 수 있습니다. 하지만 이 두
낱말의 뜻은 서로 다릅니다. '다르다'의 뜻은 '비교가 되는 두 대상이
같지 않다'입니다. '틀리다'의 뜻은 '셈이나 사실 따위가 그르거나
어긋나다'입니다. 그래서 "이 우산의 색깔과 저 우산의 색깔은
틀리다."라고 말하면 안 되고, "이 우산의 색깔과 저 우산의 색깔은
다르다."라고 말해야 합니다. 예컨대, 노란 우산과 파란 우산의
색깔은 서로 틀린 게 아니라 서로 다른 것입니다. 이렇듯 우리가
글을 쓰거나 말을 할 때는 낱말의 뜻에 따라 바르게 사용해야
합니다.

□에 알맞은 말을 쓰세요.

글자 모양이 전혀 달라도

잘못 사용하기 쉬운 두 낱말:

다르다 / □□□

글자 모양이 비슷해서

잘못 사용하기 쉬운 낱말:

바라다 / 바래다, 짓다 / □□

글자 모양이 비슷해서

잘못 사용하기 쉬운 낱말:

잊어버리다 / □□버리다

글자 모양이 비슷해서

잘못 사용하기 쉬운 낱말:

작다 / □□

이해하기 1

낱말과 뜻풀이가 알맞게 선으로 연결하세요.

작다 •　　　　• 알았던 것을 기억하지 못하다

잊어버리다 •　　　• 갖고 있던 물건이 자신도 모르게 없어졌다

적다 •　　　　• 높이나 넓이 따위의 크기가 비교하는 대상보다 덜하다

잃어버리다 •　　　• 개수나 분량의 정도가 일정한 기준에 미치지 못하다

이해하기 2

글자 모양이 전혀 달라도 잘못 사용하기 쉬운 두 낱말의 뜻풀이입니다.
□에 알맞은 글자를 쓰세요.

다르다: 비교가 되는 두 □□ 이 같지 않다

틀리다: 셈이나 사실 따위가 □□ 거나 □□ 나다

판단하기

분홍색 낱말을 바르게 사용한 문장에 밑줄 치세요.

대형 마트에서 내 장갑을 잊어버렸어.

라면 한 개는 세 사람이 나누어 먹기에는 너무 작다.

이 우산의 색깔과 저 우산의 색깔은 틀려.

동화를 읽으며 주인공이 행복해지길 바랐어.

사용하기

아래의 일기가 바른 문장이 되도록 알맞은 낱말을 보기에서 찾아 □에 쓰세요.

보기: 바랐다/바랬다 작아/적어 잃어버렸다/잊어버렸다 다른가/틀린가

오늘 찾아간 음식점의 식탁은 오래되어 색이 □□□. 내 짜장면이 엄마의 짬뽕보다 양이 □□ 보였다. 그 바람에 나는 고춧가루를 넣어 먹는 것을 깜빡 □□□□□. 오늘은 짜장면보다 짬뽕이 더 맛있어 보인다. 사람 마음은 기분에 따라 □□□ 보다.

글자 모양이 비슷해서 잘못 사용하기 쉬운 낱말 중에는 '가리키다'와 '가르치다'도 있습니다. 이 두 낱말의 뜻을 국어사전에서 각각 찾아보세요. 그러고는 아래의 뜻풀이에 알맞은 글자를 □에 쓰세요.

손짓 따위로 어떤 방향이나 대상을 알리다: 가 □ □ 다
지식이나 기술을 배우거나 익히게 하다: 가 □ □ 다

14

그림책 읽기

책 중에는 글만 쓰여 있는 책이 있고, 그림만 모아져 있는 책도 있고, 글과 그림이 함께 어우러진 책이 있습니다. 그중 그림만 모아져 있는 책이나 글과 그림이 어우러진 책을 '그림책'이라고 합니다. 그런데 오늘날 사람들이 흔히 일컫는 그림책은 '어린이를 위하여 주로 그림으로 꾸민 책'을 뜻합니다. 그래서 어린이를 위해 만든 책 중에는 그림책이 참 많습니다. 어린이에게는 글만 쓰여 있는 책보다는 그림과 글이 어우러진 그림책이 더 편하게 읽히기 때문입니다.

그러한 그림책은 글과 그림을 함께 엮어서 읽어야 합니다. 그림책의 그림과 글은 서로 관련된 내용을 따로따로 표현하고

할아버지가 내 부리에 얼굴을 대고 말했어.
"그래, 할아비와 같이 살자꾸나.
널 자주 불러야 할 테니 이름도 지어 주마."

잠시 생각한 할아버지가 눈을 크게 뜨고 말했어.
"그래, 딘딤!
이제부터 너를 딘딤(Dindim)이라고 부르마."

할아버지는 자주 내 이름을 불렀어.
집 안에서 나를 찾을 때는 "딘딤, 어딨니?"
바다로 낚시하러 갈 때는 "딘딤, 이제 출발하자."
사람들에게 나를 소개할 때는
"이름은 딘딤이오. 내 친구, 마젤란 펭귄이라우."

미소를 지으며 할아버지는 그렇게 말했어.

나무 문해력 초등 국어 2학년

있기 때문입니다. 예컨대, 전래 동화 「콩쥐 팥쥐」에는 깨진 독에
물을 채워야 하는 콩쥐의 딱한 사정을 두꺼비가 도와주는 장면이
글로 표현되어 있습니다. 이 장면을 그림책에서는 그림으로도
나타냅니다. 그래서 그 그림책을 읽는 어린이 독자는 책에서
신기해하고 기뻐하는 콩쥐의 표정을 그림으로 볼 수 있습니다.
그러면 그 그림책의 글에서는 굳이 콩쥐가 두꺼비를 보며
신기해하고 기뻐했다는 얘기는 하지 않아도 됩니다. 그 장면은
그림이 나타냈기 때문입니다. 이렇게, 글과 그림이 잘 어우러진
그림책에는 글이 표현하는 내용이 따로 있고, 그림이 표현하는
내용이 따로 있습니다. 잘 만든 그림책일수록 그림과 글이 따로따로

자기 역할을 하는 것입니다. 그래서 그런 그림책은 그림과 글이 서로 도와서 책 내용을 더욱 풍성하게 해 줍니다.

반면에, 어떤 그림책은 글의 내용을 그림이 그저 따라 그리기만 합니다. 그런 그림책은 책에서 글이 한 얘기를 반복하여 그림으로 다시 보여주기만 하는 것입니다. 그렇게 만든 그림책은 독자가 흥미롭게 읽지 않을뿐더러, 책의 수준도 낮습니다. 그러므로 그림책 속의 그림은 글이 다 얘기하지 못했거나 일부러 생략한 내용을 독자의 눈에 보이게 그림으로 표현하면 좋습니다. 그렇게 잘 만든 그림책은 독자의 상상력을 가지가 풍성한 나무처럼 활짝 키워 줍니다. 그림책 속의 글은 이야기의 나무줄기를 문자로 읽혀 주고, 그림책 속의 그림은 이야기의 나뭇가지를 그림으로 보여주니 말입니다. 바로 이런 점이 그림책만이 갖고 있는 특징이자 장점입니다.

* 앞쪽의 두 그림은 윤병무 글, 이철형 그림, 『펭귄 딘딤과 주앙 할아버지』의 일부.

□에 알맞은 말을 쓰세요.

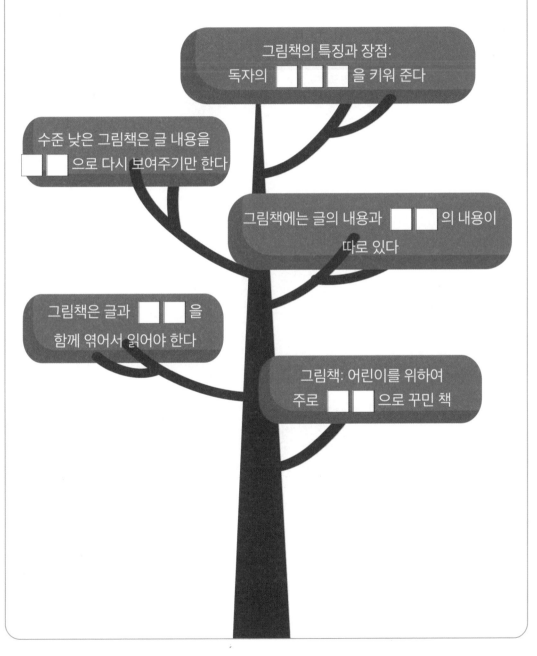

그림책의 특징과 장점:
독자의 □□□ 을 키워 준다

수준 낮은 그림책은 글 내용을
□□ 으로 다시 보여주기만 한다

그림책에는 글의 내용과 □□ 의 내용이
따로 있다

그림책은 글과 □□ 을
함께 엮어서 읽어야 한다

그림책: 어린이를 위하여
주로 □□ 으로 꾸민 책

이해하기 1

'어린이를 위하여 주로 그림으로 꾸민 책'을 일컫는 낱말을 □에 쓰세요.

이해하기 2

'그림책'에 대한 설명으로 알맞지 않은 문장에 밑줄 치세요.

그림만 모아져 있는 책이다.

글과 그림이 어우러진 책이다.

글과 그림으로 내용을 표현한 책이다.

글이 그림을 설명하는 책이다.

판단하기

그림책에서 '그림'의 바람직한 역할은 무엇인가요? 적절하지 않은 설명에 밑줄 치세요.

글이 얘기하지 못한 내용을 그림으로 보여주는 것
글이 일부러 생략한 내용을 그림으로 보여주는 것
글이 나타낸 내용을 한 번 더 그림으로 보여주는 것
글로 나타내기 어려운 내용을 그림으로 보여주는 것

사용하기

그림책의 한 장면입니다. 이 그림에 어울리는 글에 밑줄 치세요.

어린 펭귄은 할아버지 품에서 낮잠을 자곤 했다.
어느 날 밤, 어린 펭귄이 갑자기 할아버지를 떠났다.
할아버지와 함께 사는 어린 펭귄을 사람들도 좋아하였다.
어린 펭귄은 사람들을 피하여 도망 다녔다.

어린이를 위한 그림책의 그림을 그리고 글을 쓸 때, 그림을 먼저 그리고서 글을 쓸까요? 반대로, 글을 먼저 쓰고서 그림을 그릴까요? 그 두 가지 일의 순서를 생각하여 답변하세요.

15

자신의 생각을
글로 표현하기

한 초등학생이 이런 글을 썼습니다.

　엄마, 아빠와 함께 유기 동물 보호소에 갔다. 유기 동물 보호소에
있는 개들은 방문자가 원하면 데려갈 수 있다는 얘기를 TV 방송에서
들었다. 정말 그곳에는 주인에게 버림받은 개들이 많았다. 나는 한
하얀 강아지를 보고는 마음이 뛰었다. 그 어린 강아지가 불쌍했다.
나는 그 강아지를 집에 데려가고 싶다고 엄마, 아빠께 말씀 드렸다.
우리 가족은 그 강아지를 집에 데려다 키우기로 결정했다. 그
강아지를 행복하게 해 주고 싶었기 때문이다. 우리 집에 와서 더
하얘진 강아지는 지금 쌔근쌔근 잠자고 있다. 데려오길 잘했다.

나무 문해력 초등 국어 2학년

이 글에는 글쓴이의 생각을 포함하여 다섯 가지가 나타나 있습니다. 첫째는 실제로 '있었던 일'입니다. 이 글에 나타난 '있었던 일'은 "엄마, 아빠와 함께 유기 동물 보호소에 갔다."와 "강아지는 지금 쌔근쌔근 잠자고 있다."입니다. 둘째는 '겪은 일이나 알고 있는 것'입니다. 이 글에 나타난 '겪은 일이나 알고 있는 것'은 "유기 동물 보호소에 있는 개들은 방문자가 원하면 데려갈 수 있다는 얘기를 TV 방송에서 들었다."입니다. 셋째는 '글쓴이의 생각'입니다. 이 글에 나타난 '글쓴이의 생각'은 "나는 그 강아지를 집에 데려가고 싶다고 엄마, 아빠께 말씀 드렸다."와 "데려오길 잘했다."입니다. 넷째는 글쓴이의 '그렇게 생각한 까닭'입니다. 이 글에 나타난

'그렇게 생각한 까닭'은 "그 강아지를 행복하게 해 주고 싶었기 때문이다."입니다. 그리고 다섯째는 글쓴이의 '느낌'입니다. 이 글에 나타난 글쓴이의 '느낌'은 "어린 강아지가 불쌍했다."입니다.

　　이렇게, 자신의 생각을 글로 표현할 때는 (1) 있었던 일, (2) 겪은 일이나 알고 있는 것, (3) 글쓴이의 생각, (4) 그렇게 생각한 까닭, (5) 글쓴이의 느낌을 밝히면 글의 문장들이 맞물려 이어지므로 글을 쓰는 일도 어렵지 않고 글의 내용도 분명해집니다. 그러려면 우선 글을 쓰기 전에 자신이 글로써 하고 싶은 얘기가 무엇인지를 정하면서 자신의 '중심 생각'을 마련할 필요가 있습니다.

나무 문해력 익히기

□에 알맞은 말을 쓰세요.

자신의 생각을 글로 표현할 때
□□ 가지를 밝히면 좋은 점

예문에는 □□ 가지가
나타나 있다

자신의 □□ 을
표현한 예문

이해하기 1

앞의 글의 예문에서 글쓴이가 엄마와 아빠와 함께 방문한 곳은 어디인 가요? 맞는 장소에 밑줄 치세요.

동물 병원

애견 센터

유기 동물 보호소

동물원

이해하기 2

앞의 글의 예문에 나타난 '글쓴이의 생각'이 표현된 문장에 밑줄 치세요.

엄마, 아빠와 함께 유기 동물 보호소에 갔다.

한 하얀 강아지를 보고는 마음이 뛰었다.

그 강아지를 집에 데려가고 싶다고 엄마, 아빠께 말씀 드렸다.

그 강아지를 행복하게 해 주고 싶었기 때문이다.

판단하기

아래는 앞의 글에서 밝힌, 자신의 생각을 글로 표현할 때 나타내면 좋은 다섯 가지입니다. □에 알맞은 낱말을 쓰세요.

있었던 일
겪은 일이나 □□ 있는 것
글쓴이의 □□
그렇게 생각한 □□
글쓴이의 □□

사용하기

아래의 짧은 글에서 '그렇게 생각한 까닭'에 해당하는 문장에 밑줄 치세요.

엘리베이터 안에서는 웬만하면 대화를 하지 않는 게 좋겠다. 엘리베이터에 탑승한 사람이 많다면 더더욱 그렇다. 좁은 공간에서 들리는 말소리는 남을 불편하게 할 수 있기 때문이다. 나는 그것이 생활의 예의라고 생각한다.

자신의 생각을 '말'로 표현하는 것과 '글'로 표현하는 것 중에서 어느 쪽이 더 편한가요? 경험을 떠올려 대답하세요.

16

뒷이야기를
상상하기

안데르센의 유명한 동화 「인어 공주」에서 주인공 인어 공주는 결말에서 안타깝게도 물거품이 되고 맙니다. 그래서 「인어 공주」는 원래는 매우 드문 슬픈 동화입니다. 하지만 이 원작(본디의 작품)과는 다르게 월트 디즈니 영화사에서 1989년도에 내놓은 애니메이션 「인어 공주」에서는 행복한 결말을 맺습니다. 이 애니메이션의 시나리오(영화를 만들기 위하여 쓴 각본) 작가는 원작과는 다른 상상을 한 것입니다. 이렇게, 우리도 어떤 이야기의 뒷부분이나 결말 이후의 이야기를 새롭게 상상할 수 있습니다. 물론, 그 상상은 사람마다 전혀 다를 수도 있고, 비슷할 수도 있겠습니다. 그럼에도 그 상상은 독자나 관객의 자유로운 생각이며, 그 상상력의 수준이 훌륭하다면 그것은 창작에 가까운 활동이 됩니다.

그렇다면, 이야기를 짓는 상상력에도 수준이 있다고 말할 수 있겠습니다. 즉, 너무 빤한 상상은 그 이야기를 읽거나 듣는 사람에게 재미를 느끼기 어렵게 합니다. 예컨대, 우리나라의 전래 동화 「호랑이와 곶감」에서 아기가 곶감을 준다는 엄마의 말에 울음을 그쳤더라도, 아기가 울음을 그친 까닭을 호랑이가 생각하며 놀라서 달아나지 않았다면 그 이야기는 아무런 재미가 없을 것입니다. 그런데 이 이야기의 작가는 아기가 진짜 원하는 것이 무엇인지를 잘 알고 있어서 이런 이야기를 상상할 수 있었던 것입니다. 그리고 무서운 호랑이도 겁먹을 수 있다는 이야기가 독자에게는 재미를 일으킨다는 사실을 이 작가는 잘 알고 있습니다.

이렇게, 어떤 이야기를 상상한다는 것은 여러 경우를 생각할 줄 아는 능력도 있어야 하겠지만, 상상하는 사람은 먼저 이야기의 대상에 대한 깊은 관심을 가져야 하며, 재치가 있으면 더욱 좋다고 말할 수 있겠습니다.

그러니 어떤 이야기를 읽거나 어떤 애니메이션을 보면 종종 그 뒷이야기를 상상해 보세요. 또는 읽은 이야기나 본 애니메이션이 전혀 다른 결말을 맺을 수 있음을 생각해 보세요. 그래서 다른 결말도 상상해 보세요. 그러면, 작품을 관찰하는 또 다른 즐거움이 생길 것입니다. 예컨대, 여럿의 초능력자가 등장하는 마블 영화도 이런 과정의 상상에서 나오게 되었을 것입니다. 한 사람의 초능력자보다 여럿의 초능력자가 영화에 등장하면 그들의 이야기가 더 복잡하게 얽히고설킬 테고, 그러면 관객은 더 풍부한 재미를 느낄 수 있을 테니까요. 상상은 어느 분야에서든 사람들이 하는 일들을 계속 발전시킨 힘이었습니다.

나무 문해력 초등 국어 2학년

나무 문해력 익히기

□에 알맞은 말을 쓰세요.

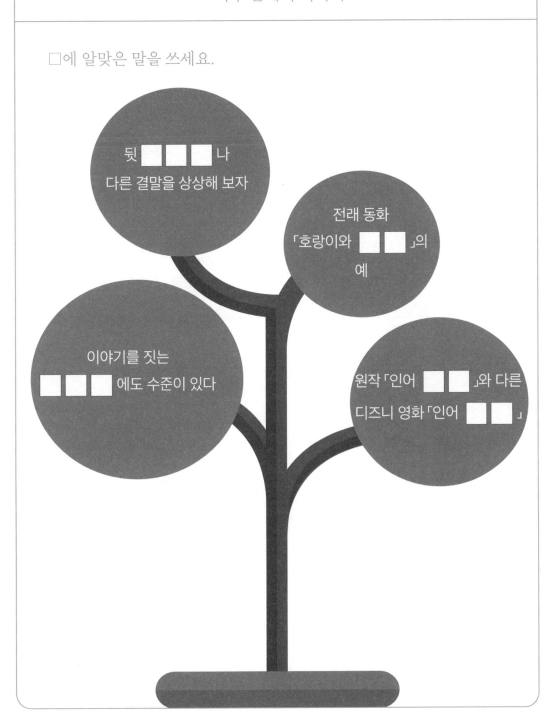

뒷 □□□ 나
다른 결말을 상상해 보자

전래 동화
「호랑이와 □□」의
예

이야기를 짓는
□□□ 에도 수준이 있다

원작 「인어 □□」와 다른
디즈니 영화 「인어 □□」

이해하기 1

앞의 글에서 예를 든 안데르센의 동화의 제목은 무엇인가요? □에 알맞은 제목을 쓰세요.

이해하기 2

앞의 글에서 예를 든 우리나라의 전래 동화의 제목은 무엇인가요? 알맞은 제목에 밑줄 치세요.

콩쥐 팥쥐
금도끼 은도끼
우렁이 각시
호랑이와 곶감
부채와 나막신

판단하기

이야기를 짓는 상상을 잘하기 위한 방법을 잘못 제시한 문장에 밑줄 치세요.

일어날 수 있는 일의 여러 경우를 생각한다.
이야기의 대상에 대해 깊은 관심을 갖는다.
다른 이야기의 결말을 베껴서 꿰어 맞춘다.
재치 있게 생각한다.

사용하기

「혹부리 영감」, 「흥부와 놀부」를 지은 작가가 교훈으로 삼은 내용이 아닌 문장에 밑줄 치세요.

착한 사람은 복을 받고 욕심쟁이는 벌을 받는다.
착하게 살면 복을 받고 못되게 살면 벌을 받는다.
어려운 일을 잘 견디면 복을 받는다.
어려운 일을 겪어야만 복을 받는다.

안데르센의 원작 「인어 공주」는 슬프게 끝나는 동화입니다. 반면에 디즈니 영화사에서 만든 애니메이션 「인어 공주」는 행복한 결말을 맺습니다. 이 두 이야기 중에서 어느 쪽이 더 아름다운 작품이라고 생각하나요? 자유롭게 쓰세요.

해답

1 발표 시간에 주의할 점

나무 문해력 익히기
□에 알맞은 말을 쓰세요.

수업 시간에 하는 발표의 뜻
발표하는 학생이 주의해야 할 점: ① 시선, ② 목소리
발표를 듣는 학생들이 주의해야 할 점: ① 시선과 자세, ② 표정과 태도, ③ 쓰면서 듣기, ④ 손 들어 질문하기, ⑤ 질문하는 태도

이해하기 1
수업 시간에 학생들이 하는 '발표'의 뜻으로 알맞은 말을 □에 쓰세요.

학생 개인이 조사한 내용이나 자기 의견을 다른 학생들과 선생님께 직접 말로 나타내는 활동

이해하기 2
발표하는 학생이 주의해야 할 점 두 가지를 □에 알맞게 쓰세요.

1. 발표하는 학생은 듣는 학생들을 바라보며 말해야 한다.
2. 발표하는 학생은 알맞은 목소리로 또박또박 말해야 한다.

판단하기
발표를 듣는 학생들이 주의해야 할 점이 아닌 문장에 밑줄 치세요.

발표하는 학생의 얼굴을 보면서 바른 자세로 듣는다.
중요한 내용이나 질문할 내용은 공책에 쓰면서 듣는다.
발표하는 학생을 향해 미소를 짓고 고개를 가로젓는다.
질문은 손을 들어서 기회를 얻은 다음에 한다.
질문할 때는 묻고 싶은 말을 끝까지 또박또박 말한다.

사용하기
배동연 학생이 발표를 하는데, 맨 앞에 앉은 이창균 학생이 고개를 숙이고 딴짓을 합니다. 이때 배동연 학생은 어떻게 발표를 이어가야 할까요? 알맞은 행동에 밑줄 치세요.

이창균 학생에게 질문하라고 말한다.
왜 이창균 학생이 딴짓을 하는지를 한참 생각한다.
자신의 발표 내용이 재미없기 때문이라고 생각한다.
열심히 듣고 있는 다른 학생들을 바라보며 발표한다.

참여하기
국어 수업은 '말하기, 듣기, 읽기, 쓰기'를 짜임새 있게 배우며 익히는 활동입니다. 발표 수업도 그 활동에 포함됩니다. 그럼, 발표는 '말하기, 듣기, 읽기 쓰기'

중에서 무엇에 더 집중한 활동일까요? 스스로 생각하여 답변하세요.

발표하는 학생은 주로 '말하기'에 집중한 활동을 합니다. 발표를 듣는 학생은 말 그대로 주로 '듣기'에 집중한 활동을 합니다. 물론 발표하는 학생도, 발표를 듣는 학생도 이 두 가지 활동만 하는 것은 아닙니다. 발표하는 학생이 발표할 내용을 미리 종이에 써서 준비했다면 '쓰기' 활동도 한 것이며, 그렇게 쓴 내용을 읽으면서 발표했다면 '읽기' 활동도 한 것입니다. 또, 발표를 듣는 학생이 발표 내용의 요점을 공책에 쓰면서 듣는다면, 그 학생은 '쓰기' 활동도 하는 것입니다. 이렇게, '말하기, 듣기, 읽기, 쓰기' 활동은 서로 연결되기도 합니다.

2 여러 가지 말놀이

나무 문해력 익히기
□에 알맞은 말을 쓰세요.

말놀이의 뜻
꼬리따기 말놀이
다섯 글자 말놀이
말 덧붙이기 놀이
이 밖의 말놀이: 주고받는 말놀이, 줄줄이 이야기 만들기 놀이

이해하기 1
'비슷한 것을 머릿속에 떠올려서 말을 이어 가는 놀이'를 뜻하는 말놀이에 밑줄 치세요.

다섯 글자 말놀이
말 덧붙이기 놀이
꼬리따기 말놀이
주고받는 말놀이
줄줄이 이야기 만들기 놀이

이해하기 2
아래의 설명을 읽고 이 말놀이가 무엇인지를 □에 알맞게 쓰세요.

한 사람이 "궁금하잖니"라고 말합니다. 다음 사람이 "뭐가 궁금해"라고 이어 받습니다. 또 다음 사람은 "안 궁금한데"라고 하고, 그다음 사람은 "나는 궁금해"라며 말놀이를 이어 갑니다. 이 말놀이는 이렇게 다섯 글자로만 말하면서 이어 가는 말놀이입니다.

다섯 글자 말놀이

판단하기
앞의 글에서 말놀이를 하면 좋은 점을 밝혔습니다. 그것을 찾아 □에 쓰세요.

낱말들을 잘 사용할 수 있는 능력이 생긴다.

사용하기
'꼬리따기 말놀이'의 예문입니다. □에

알맞은 낱말을 쓰세요.

"까마귀 색깔은 검어." → "검은 건 머리카락." → "머리카락은 꼬불거려." → "꼬불거리는 건 라면." → "라면은 맛있어." → "맛있는 건 피자." → "피자는 동그래." → "동그란 건 눈동자." → "눈동자는 검어." → "검은 건 까마귀." ……

참여하기

'다섯 글자 말놀이'는 다섯 글자로만 말하면서 이어 가는 말놀이입니다. 왜 '두 글자'나 '세 글자'가 아니라 '다섯 글자'로만 이어 가는 말놀이를 하게 되었을까요? 그 까닭을 생각하여 답변하세요.

이 질문에는 정답은 없습니다. 하지만 적절한 대답과 적절하지 않은 대답은 구별할 수 있겠습니다. 예컨대, 다음과 같은 대답은 적절하지 않은 대답이겠습니다. 즉, "이 말놀이를 처음 만든 사람 마음대로 정했기 때문이다." 이렇게만 대답한다면 그것은 까닭을 밝힌 것이 아니므로 적절하지 않은 대답입니다. 반면에 이런 대답은 적절한 대답이겠습니다. 즉, "두 글자, 세 글자로만 이어 가는 말놀이는 여러 가지 말을 만들기가 쉽지 않을 것이기 때문이다. 그래서 '두 글자 말놀이'나 '세 글자 말놀이'는 재미없을 것이다. 이렇게, 까닭을 생각하고, 나름의 그럴듯한 이유를 밝힌다면 적절한 대답이겠습니다.

나무 문해력 익히기

□에 알맞은 말을 쓰세요.

글쓴이의 생각이나 느낌을 나타내는 낱말을 넣으면 문장이 생생해진다
꾸며 주는 말
꾸며 주는 말을 찾아내면 글쓴이의 생각과 느낌을 알아차릴 수 있다
꾸며 주는 말을 찾으려면 '사실'만을 쓴 내용을 발견하면 된다

이해하기 1

'꾸며 주는 말'의 낱말 뜻입니다. □에 알맞은 말을 쓰세요.

문장에서 글쓴이의 생각과 느낌을 나타내어
뒤에 있는 말을 꾸며서 그 뜻을 자세하게 해 주는 말

이해하기 2

아래 네 문장에서 '꾸며 주는 말'에 밑줄 치세요.

벚나무에 꽃이 활짝 피었습니다.
금붕어가 하늘하늘 헤엄칩니다.
하늘에 구름이 둥실둥실 떠 있습니다.
저녁밥을 배불리 먹었습니다.

판단하기

아래 두 문장에서 '있는 그대로의 사실'만을 쓴 내용에 밑줄 치세요.

달고 시원한 수박을 먹었습니다.
깜짝 놀란 까치가 푸드덕푸드덕 날아올랐습니다.

사용하기

'꾸며 주는 말'이 없는 문장에 밑줄 치세요.

장맛비가 주룩주룩 내렸다.
함박눈이 소복소복 쌓였다.
빗물이 운동장에 고였다.
눈길이 얼음처럼 얼어붙었다.

참여하기

적절한 '꾸며 주는 말'을 □에 써 넣어 새로운 문장들을 만들어 보세요.

길을 가다가 배고픈 길고양이를 만났다. 길고양이는 비쩍 말라 있었다. 슬퍼 보이는 길고양이가 비실비실 걸어갔다.

이 세 문장에서 '있는 그대로의 사실'만을 쓴 내용은 다음과 같습니다. 즉, '길을 가다가 길고양이를 만났다. 길고양이는 말라 있었다. 길고양이가 걸어갔다.' 그러므로 이 세 문장에서 '꾸며 주는 말'은 '배고픈, 비쩍, 슬퍼 보이는, 비실비실'입니다. 이렇게 구분하여 읽어 보니까 어떤가요? '꾸며 주는 말'이 들어간 문장이

길고양이의 상태에 대하여 더 자세히 나타내고 있습니다. 이 점이 '꾸며 주는 말'의 장점입니다.

4 받침 글자를 바르게 쓰고 읽기

나무 문해력 익히기
□에 알맞은 말을 쓰세요.

홑받침, 쌍받침, 겹받침
받침이 없는 낱말의 소리, 홑받침이 있는 낱말의 소리, 쌍받침이 있는 낱말의 소리
겹받침이 있는 낱말의 소리

이해하기 1
낱말과 뜻풀이가 알맞게 선으로 연결하세요.

홑받침 •   • 서로 다른 두 개의 자음자로 이루어진 받침

쌍받침 •   • 하나의 자음자로 이루어진 받침

겹받침 •   • 같은 자음자가 겹쳐 있는 받침

이해하기 2
아래의 낱말에 쓰인 겹받침을 □에 쓰세요.

몫   ㄱㅅ

앉다 ㄴㅈ

끊다 ㄴㅎ

흙 ㄹㄱ

밟다 ㄹㅂ

값 ㅂㅅ

판단하기

아래 낱말의 바른 소리를 [□]에 쓰세요.

바다 [바다]

꽃 [꼳]

밖 [박]

몫 [목]

밟다 [밥따]

값 [갑]

사용하기

아래의 문장을 읽고 바른 소리를 [□]에 쓰세요.

땅[땅]에서 자란 나무[나무]에서 꽃[꼳]이 피었다[피얻따].

참여하기

아래의 문장에서 홑받침 글자에는 검은색 밑줄을 치고, 쌍받침 글자에는 붉은색 밑줄을 치고, 겹받침 글자에는 파란색 밑줄을 치세요.

한글에는 받침이 없는 낱말도 있고, 받침이 있는 낱말도 있습니다. 받침에는 홑받침, 쌍받침, 겹받침이 있습니다.

홑받침, 쌍받침, 겹받침을 세 가지 밑줄로 구분해 보니까 어떤가요? 문장마다 다르겠지만, 대개는 홑받침 낱말을 가장 많이 쓰고, 그다음은 쌍받침 낱말을 많이 쓰고 있음을 직접 확인할 수 있었을 것입니다. 겹받침 낱말은 그다지 많지는 않습니다.

5 글쓴이의 마음이 나타난 대목

나무 문해력 익히기

□에 알맞은 말을 쓰세요.

글쓴이의 마음을 짐작할 수 있는 세 가지 조건

한 초등학생의 일기

일기에서 글쓴이의 마음을 세 가지로 짐작하기

이해하기 1

글에 나타난 세 가지 조건을 살피면 글쓴이의 마음을 짐작할 수 있습니다. 그 세 가지 조건이 아닌 문장에 밑줄 치세요.

글쓴이와 비슷한 경험을 한 적이 있다면

글쓴이가 상상하는 마음을 이해할 수 있으면

글쓴이의 말, 행동, 마음이 나타난 내용을 살펴 읽으면

언제, 어디에서, 누구에게, 어떤 일이 일

어났는지를 이해하면

이해하기 2
앞의 일기에서 글쓴이는 '여름에는 더 짜증나는 문제가 생긴다'고 썼습니다. 글쓴이는 왜 짜증이 났을까요? 그 까닭으로 알맞은 문장에 밑줄 치세요.

여름에는 창문을 열어도 덥기 때문에
음식 배달원이 너무 늦게 오기 때문에
<u>음식 배달 오토바이 소리가 너무 크기 때문에</u>
음식 배달 오토바이가 공기 오염을 시키기 때문에

판단하기
앞의 일기에서 글쓴이가 주장하는 문장에 밑줄 치세요.

여름에는 더워서 창문을 열어 놓고 잠자야 한다.
전기 오토바이가 더 조용하다.
음식 배달은 오토바이로 하면 안 된다.
<u>음식 배달은 전기 오토바이로 해야 한다.</u>
전기 오토바이는 친환경 오토바이이다.

사용하기
아래의 일기에서 외할머니가 왜 자꾸 손사래를 치셨을까요? 그 까닭으로 가장 적절한 문장에 밑줄 치세요.

오늘 외할머니와 헤어질 때, 아빠께서 외할머니께 돈 봉투를 드렸다. 외할머니께서는 자꾸 손사래를 치며 안 받으셨지만, 결국에는 받으셨다.

돈이 필요 없어서 안 받으려고 한 것이다.
엄마가 주시는 게 아니라 안 받으려고 한 것이다.
돈 봉투가 얇아서 안 받으려고 한 것이다.
<u>자식이 돈 쓰는 게 미안하여 안 받으려고 한 것이다.</u>

참여하기
앞의 글의 일기에서 글쓴이는 아래와 같이 썼습니다.

음식 배달 오토바이는 전기 오토바이만 타야 하도록 법으로 정하면 좋겠다. 전기 오토바이는 공기 오염 문제를 해결하는 데에도 도움이 되니까 말이다.

이러한 글쓴이의 주장에 대하여 이 책의 독자는 어떻게 생각하나요? 글쓴이의 주장에 대하여 찬성하든 반대하든, 또는 다른 해결 방법을 제안하든, 스스로 생각하여 쓰세요.

찬성하는 입장은 일기에서 밝힌 대로, 소음 피해를 없애는 방법으로는 전기 오토바이로 싹 바꾸는 것이 가장 확실하다고 생각할 것입니다. 반면에 반대하는 입장은 음식 배달원들의 처지와 자유를 생각할 것입니다. 즉, 전기 오토바이로 바꾸려면 많은 돈이 필요하며, 또 오토바이의 엔진 소리를 즐기는 배달원도 있을 것이기 때문입니다. 그래서 반대하는 입장에서는 주민들이 웬만한 소음은 그러려니 생각해야 한다고 말할 수도 있겠습니다. 또는 새로운 입장은 음식 배달 오토바이는 소음의 크기를 어느 정도까지만 법으로 제한하고 단속하자는 주장을 할 수도 있겠습니다. 어떤 입장이든, 자신의 생각을 논리적인 글로 나타내는 습관을 기릅시다.

6 글을 읽고 자기 생각을 표현하기

나무 문해력 익히기
□에 알맞은 말을 쓰세요.

글쓴이가 강조하여 말하려는 내용이 글에서 중요한 내용이다
「고양이 목에 방울 달기」 이야기
「고양이 목에 방울 달기」의 교훈은 무엇인가?
「고양이 목에 방울 달기」를 읽고 드는 생각의 예

이해하기 1
앞의 글의 「고양이 목에 방울 달기」에서 쥐들이 회의한 까닭에 밑줄 치세요.

고양이 목에 방울을 다는 방법을 찾아내려고.
고양이가 오면 달아나려고.
고양이의 위협에 어떻게 대처할 것인지

를 의논하려고.
젊은 쥐와 늙은 쥐가 의논하려고.

이해하기 2
앞의 글의 「고양이 목에 방울 달기」에서 늙은 쥐가 한 말에 밑줄 치세요.

고양이 목에 방울을 달아 놓읍시다.
우리는 방울 소리를 듣고 미리 달아날 수 있습니다.
그런데 누가 고양이 목에 방울을 달 수 있겠소?
매우 좋은 생각입니다.
꾀를 낸 제안에 찬성합니다.

판단하기
「고양이 목에 방울 달기」의 교훈으로 적절하지 않은 문장에 밑줄 치세요.

실현하지 못할 일을 꿈꾸는 것은 어리석은 짓이다.
불가능한 일을 해결하고 애쓰는 짓은 쓸 데없다.
성공하기 어려운 일도 노력하면 이룰 수 있다.
위험을 무릅쓰고 나서는 영웅을 찾기는 어렵다.
어려운 일을 남이 대신 해 주기를 바라면 안 된다.

사용하기
한 아이가 이솝 우화 「토끼와 거북이」를 읽고 자신의 생각을 그날 일기에 표현하

려고 합니다. 이때, 자신의 자유로운 생각을 방해하는 어떤 생각이 끼어들었습니다. 그 방해하는 생각에 해당되는 문장에 밑줄 치세요.

토끼가 잘난 체하다가 망신당했다고 써야겠다.
<u>내 일기를 읽으실 선생님께 칭찬 받을 말을 써야겠다.</u>
실제로는 거북이가 앞지르지 못할 것이라고 써야겠다.
경쟁 상대가 안 되는데 경주한 거북이가 불쌍하다고 써야겠다.

참여하기
쥐들이 고양이 목에 방울을 달 수 있는 방법이 있을까요? 스스로 생각하여 실제로 방법이 있다면 그 방법을 쓰세요. 또는 그것이 불가능하다면 불가능한 이유를 쓰세요.

누군가는 이런 방법을 생각할 수도 있겠습니다. '고양이가 잠든 사이에 몰래 다가가 고양이 목에 방울을 달면 된다.' 하지만 고양이는 예민한 동물이므로 그때 잠깰 가능성이 더 크지 않을까요? 고양이가 깨어 있을 때 그 일을 성공하려면 고양이보다 힘이 세야 할 테니, 쥐들로서는 불가능한 일일 것입니다. 바로 그 점이 이 속담의 교훈적 의미를 만들 수 있는 조건이 될 것입니다. 그래서 늙은 쥐가 말했지요. "그런데 누가 고양이 목에 방울을 달 수 있겠소?"

---

7 발표할 때 밝혀야 할 네 가지

나무 문해력 익히기
□에 알맞은 말을 쓰세요.

대화의 뜻과 사례
발표의 뜻과 사례
경험을 발표할 때 밝혀야 하는 네 가지와 각 사례
발표를 마치고 스스로 점검하기

이해하기 1
'서로 마주하여 주고받는 말'을 뜻하는 낱말에 밑줄 치세요.

발표
혼잣말
강연
<u>대화</u>

이해하기 2
발표를 마친 학생이 스스로 점검하면 좋은 내용입니다. 이에 적절하지 않은 문장에 밑줄 치세요.

경험한 사실을 말했나?
듣는 사람을 바라보며 말했나?
말끝을 흐리지 않았나?
알맞은 크기의 목소리로 말했나?
<u>발표에 대해 엄마가 어떻게 생각하실까?</u>
바른 자세로 말했나?

판단하기

경험을 발표할 때 밝힐 내용과 사례가
서로 알맞게 선으로 연결하세요.

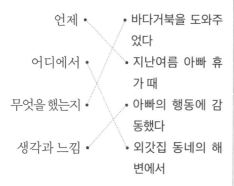

언제 •
어디에서 •
무엇을 했는지 •
생각과 느낌 •

• 바다거북을 도와주
    었다
• 지난여름 아빠 휴
    가 때
• 아빠의 행동에 감
    동했다
• 외갓집 동네의 해
    변에서

사용하기

아래의 발표 내용에서 밝힌 '때'와 '장소'
를 □에 쓰세요.

"저의 엄마의 생일은 크리스마스 날입
니다. 그래서 저의 엄마 생일은 항상 휴
일입니다. 해마다 엄마 생일이면 우리
가족은 동네의 작은 성당에 갑니다. 그
곳에서 엄마 생일도 축하합니다."

때: 12월 25일
장소: 동네 성당

참여하기

아래의 발표에는 경험을 발표할 때 밝혀
야 할 네 가지 내용 중 빠뜨린 내용이 있
습니다. 그 빠뜨린 내용이 무엇인지를 쓰
세요.

"지난 주말에 엄마, 아빠와 제가 우리 집

에서 출발하여 그곳에 도착하기까지 다
섯 시간이나 걸렸습니다. 그 전날, 엄마께
서는 '이튿날 중요한 일이 있어서 당일 꼭
돌아와야 한다'고 말씀하셨습니다. 그래
서 우리 가족은 그곳에서 두 시간밖에 머
물지 못했습니다. 금세 떠나는 우리 가족
을 바라보시는 할머니의 젖은 눈을 보았
습니다. 저는 마음이 아팠습니다."

위의 글에는 발표자가 가족과 동행해 도
착한 장소가 나타나 있지 않습니다. 즉,
발표자는 그 장소를 '그곳'이라고만 말했
을 뿐, 그곳이 구체적으로 어디인지를 밝
히지 않았습니다. 그래서 발표를 듣는 사
람은 그곳이 할머니 댁인지, 혹은 어느 여
행지인지를 전혀 알 수 없습니다. 그 밖의
세 가지는 밝힌 발표입니다. 즉, 언제, 무
슨 일이 있었는지, 경험할 때의 생각이나
느낌은 밝혔습니다.

8 시를 읽는 맛과 이야기를 읽는 맛

나무 문해력 익히기

□에 알맞은 말을 쓰세요.

시의 특성은 운율
「구슬비」에서 느낄 수 있는 운율 세 가지
이야기의 특성은 '사건의 흐름'
시는 징검다리와 비슷하고, 이야기는 냇
    물과 비슷하다

이해하기 1

시의 특성과 이야기의 특성을 나타내는 각 낱말을 선으로 연결하세요.

시 •　　　　• 사건
이야기 •　　　　• 운율

이해하기 2

이야기의 특성에 대한 설명입니다. □에 알맞은 낱말을 쓰세요.

일반적인 이야기의 특성은 이야기의 뼈대를 이룬 사건에 중요한 흐름이 있다는 것이다.

판단하기

운율에 대한 설명입니다. □에 알맞은 낱말을 쓰세요.

운율(rhythm)은 소리를 느낄 수 있는 글을 일컫는 낱말이다. 운율이 있는 글은 소리의 높고 낮음으로 나타날 수도 있고, 소리의 길고 짧음으로 나타날 수도 있고, 같은 소리나 비슷한 소리의 반복으로 나타날 수도 있다.

사용하기

아래의 동시에서 소리나 모양을 나타내는 낱말에 밑줄 치세요.

대나무가 쑥쑥
참나무가 쩍쩍
소나무가 구불

벚나무가 활짝

참여하기

「흥부전」이야기에는 사건이 절정에 이르는 두 장면이 나옵니다. 아래의 보기에서 그 절정을 이르는 두 장면에 밑줄 치세요. 그리고 왜 밑줄 친 두 장면이 사건의 절정인지 그 까닭도 짧게 쓰세요.

놀부가 흥부를 야단치는 장면.
흥부가 놀부에게 야단맞는 장면.
제비가 흥부에게 박 씨를 물어다 주는 장면.
제비가 놀부에게 박 씨를 물어다 주는 장면.
흥부네 박 속에 들어 있는 것이 나타나는 장면.
놀부네 박 속에 들어 있는 것이 나타나는 장면.
흥부가 제비의 부러진 다리를 고쳐주는 장면.
놀부가 제비의 다리를 남몰래 부러뜨리는 장면.

「흥부전」에서 사건의 절정은 착한 흥부는 복을 받고, 악한 놀부는 벌을 받는 장면입니다. 바로 그 두 장면이 흥부의 박과 놀부의 박 속에서 들어 있는 것이 나타나면서 확인됩니다. 물론 두 제비가 물어다 준 두 개의 박에 이미 복과 벌의 판결이 숨어 있습니다. 그 판결이 확인되는 순간이 바로 박 속에 들어 있는 것이 나타난 때이며 그것이 이 이야기에서 사건의 절정을 만듭니다.

9 시에 대한 생각이나 느낌

나무 문해력 익히기
□에 알맞은 말을 쓰세요.

윤동주 시인의 시 「빗자루」
시를 읽으면 어떤 장면이 떠오른다
① 시의 내용을 생각하며 장면을 상상하기
② 인상 깊은 표현을 생각하며 장면을 상상하기
③ 자신의 경험과 비교하며 장면을 상상하기

이해하기 1
앞의 시 「빗자루」에서 어린이 윤동주는 엄마에게 야단맞고 벽장 속에 어떤 물건을 감춥니다. 그 물건은 무엇인가요? □에 쓰세요.

빗자루

이해하기 2
독자가 시의 장면을 상상할 때 적절하지 않은 방법에 밑줄 치세요.

시의 내용을 생각하며 장면을 상상한다.
시에서 인상 깊은 표현을 생각하며 장면을 상상한다.
시를 읽기 전에 먼저 시의 장면을 상상한다.
자신의 경험과 비교하며 시의 장면을 상상한다.

판단하기
앞의 시 「빗자루」에서 어린 시인은 빗자루를 벽장 속에 감춥니다. 왜 그랬을까요? 그 까닭으로 적절한 문장에 밑줄 치세요.

엄마에게 야단맞게 한 빗자루가 미워서
빗자루가 없으면 청소를 하지 않아도 되니까
야단친 엄마에게 서운한 마음이 들어서
이튿날에도 종이 오리기 놀이를 또 하려고

사용하기
한 어린이가 앞의 시 「빗자루」를 읽고 아래와 같은 일기를 썼습니다. □에 알맞은 낱말을 쓰세요.

윤동주 시인의 「빗자루」를 읽었다. 엄마에게 야단맞은 것이 빗자루가 방바닥을 쓸기 싫었기 때문이라는 어린 시인의 착한 마음을 생각했다. 나 같으면 야단치신 엄마를 미워했을 것 같다. 윤동주 시인은 엄마를 참 많이 사랑하는가 보다.

참여하기
앞의 시 「빗자루」는 이렇게 시작합니다.

요—리조리 베면 저고리 되고
이—이렇게 베면 큰 총 되지.

그러면, "저고리"를 만든 인물은 누구이며, "큰 총"을 만든 인물은 누구일까요? 그 인물들은 시 속에 있습니다. 곰곰이 생각하여 그 두 인물을 시에서 찾아 쓰세요. 그리고 그 인물이라고 생각한 까닭도 간단히 쓰세요.

이 시 속에서 종이 오리기 놀이를 하는 인물은 두 사람입니다. 어린 윤동주 시인과 그의 누나입니다. 윤동주 시인은 남자아이이고, 그의 누나는 여자아이입니다. 이 시는 지금으로부터 약 90년쯤 전에 쓰인 시입니다. 옛날이지요. 그 당시 아이들이 놀이를 할 때를 상상해 보세요. 종이로 "큰 총"을 오리는 아이는 아마도 남자아이인 윤동주일 것 같지 않나요? 그리고 "저고리"를 오리는 아이는 아마도 여자아이인 '누나'일 것 같지 않나요? 오늘날도 그렇지만, 여자아이보다 남자아이가 무기에 더 관심 있고, 남자아이보다 여자아이가 더 옷에 관심 있을 것 같습니다.

10 상대를 존중하며 대화하기

나무 문해력 익히기
□에 알맞은 말을 쓰세요.

잘하는 대화와 못하는 대화
대화하는 두 가지 태도
상대를 존중하는 태도로 하는 대화: 칭찬과 조언

이해하기 1
낱말과 뜻풀이가 알맞게 선으로 연결하세요.

칭찬 •⟍ ⟋• 상대에게 어려움이 있을 때 도움이 되도록 일깨워 주는 말
조언 •⟋ ⟍• 상대의 좋은 점, 착한 점, 훌륭한 점을 높이 평가하는 말

이해하기 2
'잘하는 대화'를 일컫는 문장에 밑줄 치세요.

말을 많이 하는 대화가 잘하는 대화이다.
말을 적게 하는 대화가 잘하는 대화이다.
<u>상대를 존중하는 대화가 잘하는 대화이다.</u>
상대를 무시하는 대화가 잘하는 대화이다.

판단하기
친구에게 조언할 때 적절하지 않은 태도에 밑줄 치세요.

친구를 걱정하는 마음을 드러내며 조언한다.
친구의 마음을 함께 느끼며 조언한다.
<u>친구의 잘못을 하나하나 지적하며 조언한다.</u>
문제를 해결할 방법을 알려주며 조언한다.

사용하기

아래의 대화 중에서 상대를 존중하는 태도로 하는 대화에 밑줄 치세요.

"그건 쉬운 일인데 너는 왜 어려워하니?"

"네가 잘할 줄 아는 게 있긴 있는 거야?"

"알림장에 적어 왔어야지. 또 까먹은 거야?"

"너는 뭐든 노력하니까 곧 잘할 수 있을 거야."

참여하기

친구에게 '칭찬하는 대화'를 하는 것이 쉬울까요? '조언하는 대화'를 하는 것이 쉬울까요? 가만히 생각하여 답변하세요.

칭찬은 상대의 좋은 점, 착한 점, 훌륭한 점을 높이 평가하는 말입니다. 그래서 친구의 활동 중에서 그런 점을 찾아내어 말하면 됩니다. 그러므로 칭찬하는 말을 하기는 그다지 어렵지 않습니다. 반면에, 조언은 상대에게 어려움이 있을 때 도움이 되도록 일깨워 주는 말입니다. 그래서 조언은 친구에게 도움이 되는 말을 찾아내어 말해야 합니다. 그런데 친구에게 어려운 일은 조언을 해 주는 사람에게도 어려운 일일 가능성이 높습니다. 그러므로 문제 해결을 돕는 조언을 하기란 결코 쉽지 않습니다. 따라서, '칭찬하는 대화'보다는 '조언하는 대화'를 하기가 더 어렵습니다.

11 사물을 설명하는 글쓰기

나무 문해력 익히기

□에 알맞은 말을 쓰세요.

사물을 설명하는 글: 「스무고개」
사물의 특징을 나타내는 요소들: 생김새, 크기, 색깔, 쓰임새
사물의 특징을 나타내는 요소는 많아질 수 있다: 맛(음식), 성능(기계)

이해하기 1

앞의 글의 「스무고개」에서 설명하는 사물은 무엇인가요? 그 사물의 이름을 □에 쓰세요.

옥수수

이해하기 2

어떤 사물의 특징을 나타내는 요소로 적절하지 않은 낱말에 밑줄 치세요.

색깔
크기
생김새
평가
쓰임새

판단하기

옥수수의 쓰임새를 설명한 문장에 밑줄 치세요.

하모니카 같은 모양이 된다.
보리차처럼 차로 끓여 먹기도 한다.
사람 키보다 큰 풀의 열매이다.
낱알 크기는 콩알 만하다.
맛이 달달하고, 씹으면 쫀득거린다.

사용하기

아래의 사물을 설명하는 글에서 '이것'
은 무엇인가요? 그 이름을 □에 쓰세요.

이것에는 바퀴가 세 개 있다. 이것은 앞
바퀴의 발판을 구르면 움직인다. 이것은
어린아이가 타는 것이다. 이것에는 브레
이크가 따로 없다. 그래서 이것은 넓은
공원이나 운동장 같은 공터에서 타야 안
전하다. 이것의 이름은 세발자전거이다.

참여하기

아래는 사물을 설명하는 글을 쓸 때의 순
서입니다. 알맞은 그 순서를 □에 번호로
쓰세요.

2 글로 설명할 사물을 정한다.
1 어떤 사물에 대한 글을 쓸지를 생각
한다.
4 글로 설명할 사물에 대한 특징들을
공책에 적어 둔다.
3 글로 설명할 사물에 대한 특징을 인
터넷으로 찾아본다.
5 사물을 설명하는 글을 쓴다.
6 쓴 글을 살펴 읽고, 고칠 문장이 있으
면 고쳐 쓴다.

12 글쓴이의 마음을 짐작하기

나무 문해력 익히기
□에 알맞은 말을 쓰세요.

재활용 쓰레기 분리수거장에서 겪은 일
을 쓴 글
글쓴이의 마음을 짐작할 수 있는 방법
세 가지
재활용 쓰레기 분리수거에 대한 글에서
글쓴이가 겪은 상황

이해하기 1

앞의 글에서 겪은 일을 쓴 글은 글쓴이
가 어디에서 겪은 일인가요? 그 장소에
밑줄 치세요.

아파트의 관리 사무소 건물
아파트의 쓰레기장
아파트의 재활용 쓰레기 분리수거장
아파트의 놀이터

이해하기 2

글쓴이의 마음을 짐작할 수 있는 세 가
지 방법이 아닌 문장에 밑줄 치세요.

글쓴이와 비슷한 경험을 한 적이 있다면
글쓴이의 마음을 짐작할 수 있다.
글쓴이의 말, 행동, 마음을 나타내는 내
용을 읽으면 글쓴이의 마음을 짐작할
수 있다.
글쓴이의 생활 습관을 이해하면 글쓴이

의 마음을 짐작할 수 있다.

글 내용의 상황을 이해하면 글쓴이의 마음을 짐작할 수 있다.

판단하기

앞의 글에서, 겪은 일을 쓴 글의 글쓴이는 재활용 쓰레기 분리수거장에서 못마땅해 합니다. 그 까닭으로 알맞은 문장에 밑줄 치세요.

분리수거해야 할 재활용 쓰레기가 너무 많아서

재활용 쓰레기 분리수거 일을 돕는 관리인이 불쌍해서

주민들이 규칙을 지키지 않고 재활용 쓰레기를 함부로 버려서

주민들이 재활용 쓰레기 분리 배출을 마지못해 해서

사용하기

앞의 글에서, 겪은 일을 쓴 글의 글쓴이가 그 글의 끝부분에 이어서 어떤 말을 한다면 어떤 말이 이 글에 어울릴까요? 어울리지 않은 말에 밑줄 치세요.

"주민 여러분, 앞으로는 재활용 쓰레기를 버리지 마세요."

"주민 여러분, 재활용 쓰레기를 배출하는 규칙을 지키세요."

"주민 여러분, 재활용 쓰레기를 함부로 버리지 마세요."

"주민 여러분, 재활용 쓰레기를 제대로 배출해 주세요."

참여하기

재활용 쓰레기 분리수거를 위하여 종이 상자를 배출할 때는 종이 상자에 붙은 비닐 테이프를 떼어내고 종이 상자를 펼쳐서 한곳에 쌓아 놓는 것이 배출 규칙입니다. 왜 이런 배출 규칙을 정한 것일까요? 곰곰이 생각하여 답변하세요.

종이 상자에는 비닐 테이프가 붙어 있는 경우가 많습니다. 비닐 테이프가 붙은 상태로는 종이 상자를 재활용할 수 없습니다. 비닐과 종이가 섞여 있는 상태이기 때문입니다. 그래서 재활용 공장에서 일일이 그 비닐 테이프를 떼어내야 합니다. 그러므로 배출할 때 미리 비닐 테이프를 떼어내면 시간과 일손과 비용을 줄일 수 있습니다. 그리고, 배출할 때 종이 상자를 펼쳐 놓으면 차곡차곡 쌓을 수 있어서 한 번에 많은 양을 트럭에 실어 나를 수 있습니다. 종이 상자를 펼쳐 쌓아 놓는 것은 재활용 쓰레기 분리수거장에서 일하시는 관리인의 일손을 돕는 일입니다. 그래서 종이 상자는 비닐 테이프를 떼어내고 펼쳐 쌓아 놓는 것이 배출 규칙이 된 것입니다.

13 바른 말을 사용하기

나무 문해력 익히기

□에 알맞은 말을 쓰세요.

글자 모양이 비슷해서 잘못 사용하기 쉬
운 낱말: 작다/적다
글자 모양이 비슷해서 잘못 사용하기 쉬
운 낱말: 잊어버리다/잃어버리다
글자 모양이 비슷해서 잘못 사용하기 쉬
운 낱말: 바라다/바래다, 짓다/짖다
글자 모양이 전혀 달라도 잘못 사용하기
쉬운 두 낱말: 다르다/틀리다

이해하기 1
낱말과 뜻풀이가 알맞게 선으로 연결하
세요.

작다 • • 알았던 것을 기억하지
          못하다
잊어버리다 • • 갖고 있던 물건이 자
              신도 모르게 없어졌다
적다 • • 높이나 넓이 따위의
          크기가 비교하는 대상
          보다 덜하다
잃어버리다 • • 개수나 분량의 정도가
              일정한 기준에 미치지
              못하다

이해하기 2
글자 모양이 전혀 달라도 잘못 사용하기
쉬운 두 낱말의 뜻풀이입니다. □에 알
맞은 글자를 쓰세요.

다르다: 비교가 되는 두 대상이 같지 않
다

틀리다: 셈이나 사실 따위가 그르거나
어긋나다

판단하기
분홍색 낱말을 바르게 사용한 문장에 밑
줄 치세요.

대형 마트에서 내 장갑을 잊어버렸어.
라면 한 개는 세 사람이 나누어 먹기에
는 너무 작다.
이 우산의 색깔과 저 우산의 색깔은 틀
려.
동화를 읽으며 주인공이 행복해지길 바
랐어.

사용하기
아래의 일기가 바른 문장이 되도록 알맞
은 낱말을 보기에서 찾아 □에 쓰세요.

보기: 바랐다/바랬다 작아/적어 잃어버렸다/
잊어버렸다 다른가/틀린가

오늘 찾아간 음식점의 식탁은 오래되어
색이 바랬다. 내 짜장면이 엄마의 짬뽕
보다 양이 적어 보였다. 그 바람에 나는
고춧가루를 넣어 먹는 것을 깜빡 잊어버
렸다. 오늘은 짜장면보다 짬뽕이 더 맛
있어 보인다. 사람 마음은 기분에 따라
다른가 보다.

참여하기
글자 모양이 비슷해서 잘못 사용하기 쉬
운 낱말 중에는 '가리키다'와 '가르치다'

도 있습니다. 이 두 낱말의 뜻을 국어사전에서 각각 찾아보세요. 그러고는 아래의 뜻풀이에 알맞은 글자를 □에 쓰세요.

손짓 따위로 어떤 방향이나 대상을 알리다: 가리키다
지식이나 기술을 배우거나 익히게 하다: 가르치다

14 그림책 읽기

나무 문해력 익히기
□에 알맞은 말을 쓰세요.

그림책: 어린이를 위하여 주로 그림으로 꾸민 책
그림책은 글과 그림을 함께 엮어서 읽어야 한다
그림책에는 글의 내용과 그림의 내용이 따로 있다
수준 낮은 그림책은 글 내용을 그림으로 다시 보여주기만 한다
그림책의 특징과 장점: 독자의 상상력을 키워 준다

이해하기 1
'어린이를 위하여 주로 그림으로 꾸민 책'을 일컫는 낱말을 □에 쓰세요.

그림책

이해하기 2
'그림책'에 대한 설명으로 알맞지 않은 문장에 밑줄 치세요.

그림만 모아져 있는 책이다.
글과 그림이 어우러진 책이다.
글과 그림으로 내용을 표현한 책이다.
글이 그림을 설명하는 책이다.

판단하기
그림책에서 '그림'의 바람직한 역할은 무엇인가요? 적절하지 않은 설명에 밑줄 치세요.

글이 얘기하지 못한 내용을 그림으로 보여주는 것
글이 일부러 생략한 내용을 그림으로 보여주는 것
글이 나타낸 내용을 한 번 더 그림으로 보여주는 것
글로 나타내기 어려운 내용을 그림으로 보여주는 것

사용하기
그림책의 한 장면입니다. 이 그림에 어울리는 글에 밑줄 치세요.

어린 펭귄은 할아버지 품에서 낮잠을 자
곤 했다.
어느 날 밤, 어린 펭귄이 갑자기 할아버
지를 떠났다.
할아버지와 함께 사는 어린 펭귄을 사람
들도 좋아하였다.
어린 펭귄은 사람들을 피하여 도망 다녔
다.

참여하기
어린이를 위한 그림책의 그림을 그리고
글을 쓸 때, 그림을 먼저 그리고서 글을
쓸까요? 반대로, 글을 먼저 쓰고서 그림
을 그릴까요? 그 두 가지 일의 순서를 생
각하여 답변하세요.

그림책에는 어떤 이야기가 있습니다. 그
이야기는 글쓴이가 글로써 만들어 냅니
다. 그림만으로도 이야기를 나타낼 수
있지만, 그림으로 나타낸 이야기는 글로
생각하여 그려 낸 그림일 텝니다. 그러
므로 그림책을 만들 때는 먼저 글을 쓰
고서, 그 글과 관련된 그림을 그리는 것
이 일의 순서입니다. 그리고 대다수의
그림책은 글을 쓴 글쓴이가 따로 있고
그림을 그린 그린이가 따로 있지만, 어
떤 그림책은 글쓴이와 그린이가 같은 사
람이기도 합니다. 그런 그림책은 대개는
그림과 글이 더 잘 어우러져 있습니다.

15 자신의 생각을 글로 표현하기

나무 문해력 익히기
□에 알맞은 말을 쓰세요.

자신의 생각을 표현한 예문
예문에는 다섯 가지가 나타나 있다
자신의 생각을 글로 표현할 때 다섯 가
지를 밝히면 좋은 점

이해하기 1
앞의 글의 예문에서 글쓴이가 엄마와 아
빠와 함께 방문한 곳은 어디인가요? 맞
는 장소에 밑줄 치세요.

동물 병원
애견 센터
유기 동물 보호소
동물원

이해하기 2
앞의 글의 예문에 나타난 '글쓴이의 생
각'이 표현된 문장에 밑줄 치세요.

엄마, 아빠와 함께 유기 동물 보호소에
갔다.
한 하얀 강아지를 보고는 마음이 뛰었다.
그 강아지를 집에 데려가고 싶다고 엄
마, 아빠께 말씀 드렸다.
그 강아지를 행복하게 해 주고 싶었기
때문이다.

판단하기

아래는 앞의 글에서 밝힌, 자신의 생각을 글로 표현할 때 나타내면 좋은 다섯 가지입니다. □에 알맞은 낱말을 쓰세요.

있었던 일
겪은 일이나 알고 있는 것
글쓴이의 생각
그렇게 생각한 까닭
글쓴이의 느낌

사용하기

아래의 짧은 글에서 '그렇게 생각한 까닭'에 해당하는 문장에 밑줄 치세요.

엘리베이터 안에서는 웬만하면 대화를 하지 않는 게 좋겠다. 엘리베이터에 탑승한 사람이 많다면 더더욱 그렇다. 좁은 공간에서 들리는 말소리는 남을 불편하게 할 수 있기 때문이다. 나는 그것이 생활의 예의라고 생각한다.

참여하기

자신의 생각을 '말'로 표현하는 것과 '글'로 표현하는 것 중에서 어느 쪽이 더 편한가요? 경험을 떠올려 대답하세요.

누구나 글쓰기보다는 말하기가 편할 것입니다. 하지만, 그 내용이 무엇이냐에 따라 그 대답은 달라질 수도 있겠습니다. 예컨대, 자신의 생각을 표현하는 내용이 누군가에게 사과하는 것이나 용서를 비는 것이라면, 말로 표현하기보다는 글로 표현하는 일이 더 편할 수도 있겠습니다. 즉, 어떤 말은 머릿속에는 있어도 입에서 잘 안 나오고, 어떤 글은 머릿속에서 정리된 생각을 글로 잘 표현할 수도 있습니다.

16 뒷이야기를 상상하기

나무 문해력 익히기

□에 알맞은 말을 쓰세요.

원작 「인어 공주」와 다른 디즈니 영화
　　「인어 공주」
이야기를 짓는 상상력에도 수준이 있다
전래 동화 「호랑이와 곶감」의 예
뒷이야기나 다른 결말을 상상해 보자

이해하기 1

앞의 글에서 예를 든 안데르센의 동화의 제목은 무엇인가요? □에 알맞은 제목을 쓰세요.

인어 공주

이해하기 2

앞의 글에서 예를 든 우리나라의 전래 동화의 제목은 무엇인가요? 알맞은 제목에 밑줄 치세요.

콩쥐 팥쥐
금도끼 은도끼
우렁이 각시
호랑이와 곶감
부채와 나막신

판단하기

이야기를 짓는 상상을 잘하기 위한 방법을 잘못 제시한 문장에 밑줄 치세요.

일어날 수 있는 일의 여러 경우를 생각한다.
이야기의 대상에 대해 깊은 관심을 갖는다.
다른 이야기의 결말을 베껴서 꿰어 맞춘다.
재치 있게 생각한다.

사용하기

「혹부리 영감」, 「흥부와 놀부」를 지은 작가가 교훈으로 삼은 내용이 아닌 문장에 밑줄 치세요.

착한 사람은 복을 받고 욕심쟁이는 벌을 받는다.
착하게 살면 복을 받고 못되게 살면 벌을 받는다.
어려운 일을 잘 견디면 복을 받는다.
어려운 일을 겪어야만 복을 받는다.

참여하기

안데르센의 원작 「인어 공주」는 슬프게 끝나는 동화입니다. 반면에 디즈니 영화사에서 만든 애니메이션 「인어 공주」는 행복한 결말을 맺습니다. 이 두 이야기 중에서 어느 쪽이 더 아름다운 작품이라고 생각하나요? 자유롭게 쓰세요.

이 질문에 정답은 없습니다. 하지만, 모든 아름다운 작품은 그 내용이 깊고 진하고 무겁습니다. 그 내용이 얕고 옅고 가볍지 않다는 말입니다. 안데르센은 「인어 공주」를 왜 슬픈 결말로 맺었을까요? 행복한 결말보다 슬픈 결말이 이 이야기를 더 아름답게 만든 것은 아닐까요? 그래서 안데르센은 그 이야기를 그렇게 상상한 것이 아닐까요? 그리고 재치 넘치는 이야기인 「혹부리 영감」을 원작과 다르게 등장인물들에게 복만 주는 이야기로 지었다면 과연 재미있었을까요? 이렇듯, 상상의 이야기는 여러 모로 생각해 볼 문제입니다.

해답